教育部新文科研究与改革实践项目"新文科背景下政产学研协同培养传媒人才机制创新与实践"(2021090049)阶段性成果

培根铸魂 德艺双修

大思政育人的理论与实践

杨立平◎编著

ZHEJIANG UNIVERSITY PRESS

浙江大学出版社

·杭州·

图书在版编目（CIP）数据

培根铸魂　德艺双修：大思政育人的理论与实践 /
杨立平编著. —杭州：浙江大学出版社, 2023.7
ISBN 978-7-308-23976-9

Ⅰ.①培… Ⅱ.①杨… Ⅲ.①高等学校－思想政治教
育－研究－中国 Ⅳ.①G641

中国国家版本馆CIP数据核字（2023）第119513号

培根铸魂　德艺双修：大思政育人的理论与实践

杨立平　编著

策划编辑	吴伟伟
责任编辑	陈逸行
文字编辑	梅　雪
责任校对	马一萍
封面设计	雷建军
出版发行	浙江大学出版社
	（杭州市天目山路148号　邮政编码310007）
	（网址：http://www.zjupress.com）
排　　版	浙江时代出版服务有限公司
印　　刷	杭州宏雅印刷有限公司
开　　本	710mm×1000mm　1/16
印　　张	16.5
字　　数	224千
版 印 次	2023年7月第1版　2023年7月第1次印刷
书　　号	ISBN 978-7-308-23976-9
定　　价	98.00元

目录

导论：构建大思政育人新格局

习近平总书记从党和国家事业长远发展的战略高度出发，坚持把立德树人作为教育的根本任务，将立德树人的成效作为检验学校一切工作的根本标准，要求把立德树人内化到学校建设和管理各领域，真正做到以树人为核心，以立德为根本，培养担当民族复兴大任的时代新人。他多次强调，办好新时代大思政课，要放在世界百年未有之大变局、党和国家事业发展全局中来看待，要从坚持和发展中国特色社会主义、建设社会主义现代化强国、实现中华民族伟大复兴的高度来筹划，要融入青少年终身学习、全方位受教的过程中来对待。①

高校思政工作应该紧紧围绕立德树人这一根本任务，把思政工作贯穿教育教学的全过程、全方位、全员之中，强化顶层设计，明确育人改革理念，创新育人方法，创设育人场景，凸显大思政的魅力，展现大思政的合力，形成大思政的凝聚力，积极构建"大思政育人新格局"。所谓的"大思政育人新格局"是指：立足新时代的历史方位，以立德树人育人理念为引领，以培养担当民族复兴大任的合格接班人为目标，在挖掘校园特色文化的基础上，利用相关的资源、手段、载体、内容以及渠道为思政教育营造无处不在、无时不有的"大环境"，

---

① 习近平：《思政课是落实立德树人根本任务的关键课程》，北京：人民出版社 2020 年版，第 5—6 页。

深入钻研课程内容，做好思政元素的挖掘与转化，为思政教育输出视野广、站位高的"大内容"，推动教育、管理与服务等部门的协同创新，为思政教育打造召之即来、来之能战、战之必胜的"大队伍"，构建历史与时代相统一、课内与课外相统一、高校办学与育人相统一、思政理论与实践相统一、思政课程与课程思政相统一、教育体系与管理服务体系相统一的新格局，汇聚思政教育的大合力，最终形成思政教育全面化、系统化、科学化的局面，实现立德树人润物无声。大思政育人新格局是对新时代改革发展趋势的回应，是对传统思政教育工作框架的超越。大思政育人新格局在育人方式、育人内容以及育人队伍等方面都极具开放性和延展性，对当前的高校思政教育工作提出了更高的期望和要求。

2017年以来，浙江传媒学院立足传媒，立德为纲，以生为本，师资为基，创新为要，针对存在的思政育人改革理念不够清晰，思政育人方法不够创新，思政课程与课程思政协同性不强，社会实践、传媒实战育人效度不高等问题，通过思政教学理论研究开路、大思政教学改革项目探路，从赓续学校红色基因、办学传统和传媒特质出发，以立德树人为本体，从强化思政育人改革理念、创新思政育人方法、创设思政育人全场景等维度，探索并构建了具有传媒特色的大思政育人新格局。

一、强化新发展理念，立好思政育人的根与魂

思政育人改革是一项复杂的系统工程。必须跳出思政看思政，打出"组合拳"，画出"同心圆"，以点带面、多点发力、纵深推进，形成育人合力。浙江传媒学院面对思政育人新发展阶段，直面思政育人改革理念不够清晰、站位

不够高等新痛点，以"创新、协调、绿色、开放、共享"的新发展理念来指导学校思政育人教育教学改革。多年来，浙江传媒学院始终坚持立足传媒、紧跟时代、创新方法；推进思政课程与课程思政、思政要求与青年特点等多方面协调；推动绿色发展，达致课堂清新、心灵清朗；融入社会、融入一线，实现开放发展；强化共享发展，做到师生教学相长、育生育师。浙江传媒学院系统设计了思政育人改革框架，先后出台了《浙江传媒学院"三全育人"综合改革实施意见》等系列制度。深化德育、美育、国家安全观等理论研究，坚持注重运用系统性思维，把思政育人融入党和国家事业发展大局，改变了以往就思政讲思政、就学校谈思政的小空间，真正在新时代、大格局上构建了大思政，使浙江传媒学院大思政育人的探索与实践更具时代感。

二、探索"思政八法"，创新思政育人方法

提升思想政治理论课亲和力和针对性，满足学生成长发展需求和期待，重在教学方法的创新。教学方法的创新必须坚持"守正"才能"出新"，充分体现校本人才培养特色和培养路径。浙江传媒学院以具有传媒艺术院校特色与示范意义的"主题思考法、案例教学法、名家示范法、一线实践法、成果展示法、自我教育法、文化浸润法、专业结合法"等"思政八法"为载体，持续丰富思政菜系、菜谱和味道。"思政八法"树立了学生在思政教育中的主体地位，实现了学生从被动听讲到主动参与的转变；摒弃了灌输式教学方法，实现了思政理论从简单记忆到学生主动建构的转变；整合拓展了教学资源，引入互联网与社会实践，实现了思政教育从理论学习到品德形塑和践行的转变；科学创新了考核方式，实现了思政教育从以应试为目的向学生品德与实践创新能力综合发

展的转变。

覆盖三大课堂的思政育人方法，把思政教育融入"三全育人"全过程，避免了"眼中金屑、米中掺沙"，使"如盐"有了"入水"的多样化载体，实现了从理论课的"主体学习"到实践活动初期的"情感体验"，最终在实践行动中"内化践行"学习成果，促进学生自我成长，解决了思政育人方法创新性不够，思政课菜谱单一、味道单调的问题，实现了思政育人方法创新的新集成。

三、统筹四大平台，创设协同育人全场景

在思政育人实践中，普遍存在着专业教育与思政教育"两张皮"，实践实战育人达成度不足，网络育人空间建设重视度不够，影响着思政育人整体效应。浙江传媒学院坚持立德树人，强化传媒特色，统筹校内资源，突出顶层设计，勾连三大课堂，统筹四大育人平台，全场景协同育人。

打造有效度的思政课。我们完善"4+X"制度，以4门必修课为基础，将"四史"教育、浙江红色资源、生命教育、地方素材植入思政课程，把理论讲明讲透，使学生增信立志明德。深化"X+1"方案的思政课综合改革，形成了具有传媒特色、理实浸润的课内外一体化改革模式，让思政课堂充满活力、魅力四射。

打造有温度的专业课。我们强化"门门课程有德育，教师人人讲育人"的意识，思政教师和专业教师共同备课、共同挖掘传媒专业中蕴含的思政价值和精神内涵，依据不同学科专业的性质特点，将马克思主义新闻观、文艺观植入专业教育中，把主流价值观引领与塑造灵魂融入所有课堂。比如声音中的党史记忆、红色电影海报设计、游戏里的价值观等，使学生知书达理增智，让所有课堂和课程都上出"思政味"。

打造有热度的实践实战课。我们深度拓展社会实践第二课堂，有机整合专业课实习实训、思政理论课实践教学、假期社会实践与志愿服务等实践育人载体，引领学生到生产生活和行业一线了解党情、国情、民情、社情，将思政元素导入实践实战的全过程。比如通过中国国际进口博览会一线采访、开展艺术赋能乡村振兴、钱塘诗路田野调查等，了解社会发展和行业趋势，使学生善思敢闯会干。

打造有宽度的融媒体育人空间。我们充分发挥校园融媒体云平台的优势，加强校园报、网、声、微、频等校园主流媒体的深度融合，打造师生喜爱的融媒体育人视听产品，增强融媒体的价值引领功能和育人实效。

打造有亮度的校园文化育人氛围。为了强化环境育人，近几年，我们积极打造健康向上的校园文化，擦亮校园文化的亮度。通过开展植树节活动，把生态文明和劳动教育有机结合；通过开辟"清风颜品"校园场景，使同学们沉浸在清廉思想的教化之中；通过师生共同编创校园原创歌曲，强化军训、开学典礼、毕业典礼仪式等，使学生处处感受奋进向上向善的力量。

在实践中，我们明确了不同思政育人平台的着力点，使思政工作融入学校教育教学整个过程，嵌入学生日常生活全部空间，实现思政教育"不缺席"、思政学习"不掉队"、实践实战成果"不变色"，形塑了学生的思想、实践和人生，助力学生达成学思悟贯通、知信行统一。我们的做法解决了思政育人场景碎片化，三大课堂协同性不强，学校小课堂与社会大课堂脱节的问题，形成了理论武装、专业升华、实践实战、融媒体育人的全场景大思政育人新格局。

四、点面开花，思政育人成效明显

培育了一批德艺双修的传媒人才。一是学生更加红心向党。近三年，每年全校新生提交入党申请人数占比均超60%。三个学生支部获国家、省级样板支部，学生社团获省级以上荣誉10多项。学生主创的原创话剧《望道》在央视《今日中国》播出近六分钟。二是学生更加担当有为。新生志愿者注册率达100%。在G20杭州峰会、世界互联网大会乌镇峰会等重要时刻，浙传学生从不缺席，多次获得志愿服务先进集体，多个志愿服务项目获国家、省级奖项。数千名学生深入社区担任抗疫志愿者，师生团队"以艺抗疫"，"杭医生"成为杭州市抗疫医生标识，音乐短片《平安武汉》登上新华社客户端首页，被央视《焦点访谈》引用。三是学生更加爱岗敬业。浙江省教育厅调查数据显示，浙江传媒学院2016—2019届毕业生一年后职业发展与人才培养质量综合排名位列全省本科院校前六位，学生创业率达8%，远超全省平均水平。近三年，400余名学生被央视、省级以上平台录用。

产出了一批理实相融的传媒成果。一是理论研究成果丰富。先后在《中国高等教育》《光明日报》《中国青年报》等发表《以学生为主体的思想政治教学八法》《培根铸魂培养德艺双修艺术人才》等29篇文章。二是艺术创作成果丰硕。嵌入式课程思政项目产生了一批好成果：《红船往事》获国家艺术基金400万元顶格资助，并获浙江省"五个一工程"奖；浙传师生参与主创的《携手，为人民》在中国共产党与世界政党领导人峰会上正式发布，作为暖场片播放；参与创作的《中国减贫密码》等在全球传播，并受到联合国教科文组织推荐；师生承担中共中央组织部、浙江省委组织部党员教育专题片创制任务，多次获全国特等奖、一等奖；担当建党百年献礼大片《觉醒年代》美术团队；承办并策展的师生田野调查成果"春水如蓝——钱塘江诗路影像展"获万人参展，

5000 多万人参与网络互动。三是"一院一品"成果丰厚。"大影育人 大视弘道"等四个育人项目获浙江省高校"三全育人"综合改革工作优秀案例；"移动三脚架"等多个学生社团获国家级、省级以上奖项；多个思政课项目获省级立项，多位教师在省级思政课教学赛事上获奖。

形成了一批内外开花的传媒经验。一是国家级媒体多次予以宣传。2018 年 1 月 14 日，《新闻联播》报道浙江传媒学院专业课融入思政教育的典型案例，引起较大社会反响。师生共同开展的为百名抗美援朝烈士画像活动在央视综合频道播出，时长达五分钟。央视、"学习强国"学习平台、《中国教育报》等多个重量级平台多次宣传报道浙江传媒学院思政教学的实践探索。二是上级多次给予鼓励肯定。中宣部、国家广播电视总局、浙江省委宣传部、浙江省教育厅等领导先后到校调研思政育人成效；《浙江传媒学院把战"疫"鲜活教材融入教书育人全过程》典型经验被教育部摘编刊发。三是同行广泛给予好评。六门课程思政视频登上"学习强国"学习平台，四门思政公开课在央视新闻移动端等播出，累计观看人数达 300 多万。先后有 60 多所院校来校交流学习，得到社会各界的充分认可，产生良好社会影响。

Part One

第一章

学深悟透　理论先行

浙江传媒学院始终以习近平新时代中国特色社会主义思想为指导，将立德树人融入办学治校、教育教学全过程，强化大思政育人的顶层设计，发挥传媒独特优势，创新思政育人方法，创设多维育人场景，努力做到因事而化、因时而进、因势而新，不断深化对新时代高校思想政治工作的规律性认识。围绕传媒艺术人才培养、思政理论课改革、课程思政建设、国防教育等方面进行了一些思考，撰写了一些融学理性、实践性、创新性于一体的理论文章，从理论上构建了具有浙传特色的全员全过程全方位育人格局，系统性推进学校思想政治工作。

培根铸魂　培养德艺双修艺术人才

　　党的十八大以来，以习近平同志为核心的党中央开辟道路自信新格局，丰富理论自信新内涵，推动制度自信新发展，提升文化自信新境界。习近平总书记在文艺工作座谈会以及中国文联十大、中国作协九大开幕式上发表重要讲话，给文艺工作者回信、写信，给文化艺术团体致贺信，与文化艺术界政协委员座谈等，都充分彰显了习近平总书记对文化艺术工作的高度重视并身体力行推动"四个自信"，为新时代中国特色社会主义文艺的繁荣发展提供了理论指导，明确了方向道路，找到了创作密钥，引领了明德风尚，鼓舞了创作激情，清澈了艺术心灵。

　　党的十九届四中全会通过的《中共中央关于坚持和完善中国特色社会主义制度推进国家治理体系和治理能力现代化若干重大问题的决定》明确指出，"发展社会主义先进文化、广泛凝聚人民精神力量，是国家治理体系和治理能力现代化的深厚支撑。必须坚定文化自信，牢牢把握社会主义先进文化前进方向，围绕举旗帜、聚民心、育新人、兴文化、展形象的使命任务，坚持为人民服务、为社会主义服务，坚持百花齐放、百家争鸣，坚持创造性转化、创新性发展，激发全民族文化创造活力，更好构筑中国精神、中国价值、中国力量"。艺术类院校是为国家培养艺术人才的摇篮，要成为文化传承创新的重要场所，必须

要在人才培养过程中树立文化自信，特别是要贯彻落实习近平总书记关于文化文艺工作的重要论述，增强高校举旗帜、聚民心、育新人、兴文化、展形象的责任感和使命感。

一、艺术类院校贯彻落实习近平总书记关于文化文艺工作的重要论述，应当深悟原理、培根铸魂

习近平总书记关于文化文艺工作的重要论述，特别是在文艺工作座谈会上发表的重要讲话，是对马克思主义文化文艺思想的继承和发展，是新时代文化文艺工作的根本指南，是艺术教育的重要遵循。习近平总书记关于文化文艺工作的重要论述闪耀着历史唯物主义的光芒，向我们展示了人类文明历史的进程，告诉我们"文化是民族生存和发展的重要力量。人类社会每一次跃进，人类文明每一次升华，无不伴随着文化的历史性进步"，"中华儿女培育和发展了独具特色、博大精深的中华文化，为中华民族克服困难、生生不息提供了强大精神支撑"。[①] 这些重要论述让文化艺术工作者深感自豪，备受鼓舞。

习近平总书记关于文化文艺工作的重要论述显示着辩证唯物主义的问题意识，既点明了文化文艺的主流，充分肯定了广大文化文艺工作者为繁荣社会主义文化做出的贡献；同时，也列举了当前文化文艺领域的重要问题，明确指出"文艺不能在市场经济大潮中迷失方向，不能在为什么人的问题上发生偏差，否则文艺就没有生命力"[②]。这一论述给我们以高度的警醒，告诫我们在艺术教育中要明确方向，以美育人、以美化人、以美培元，培养德智体美劳全面发展的社

---

① 习近平：《在文艺工作座谈会上的讲话》，载《人民日报》2015年10月15日第2版。
② 习近平：《在文艺工作座谈会上的讲话》，载《人民日报》2015年10月15日第2版。

会主义建设者和接班人。

习近平总书记关于文化文艺工作的重要论述贯穿着群众路线的真谛。习近平总书记强调，"社会主义文艺，从本质上讲，就是人民的文艺"①。这一论述鲜明指出了党的文艺工作的基本要求，聚焦"以人民为中心"的创作导向，告诉我们人民既是历史的创造者，也是历史的见证者；既是历史的"剧中人"，也是历史的"剧作者"。同时，这一论述也指明了文艺创作的根本方向，引领我们要把人民作为文艺表现的主体，把人民作为文艺审美的鉴赏家和评判者，把为人民服务作为文艺工作者的天职。

二、艺术类院校贯彻落实习近平总书记关于文化文艺工作的重要论述，应当明确特色、勇担责任

艺术类院校是为国家培养艺术人才的摇篮，必须把立德树人放在首位。艺术类院校作为以艺术教育为主的高校，必须在育人使命上保持清醒头脑，把正确的政治方向、价值导向贯穿教育教学的全过程，全面提升教育质量和水平。

艺术类院校贯彻落实习近平总书记关于文化文艺工作的重要论述，应当认清自身的特点。艺术类院校同专业艺术院团和专业文艺机构相比，有其特殊性：第一，它的性质是高等学校，承担育人才与出作品的双重责任。高校根本任务是立德树人，因此教学、科研、创作都要围绕育人来展开，老师肩负着双重责任，必须处理好两者之间的关系，实现双赢，达到共促。第二，它的教育对象是学生。学生届次的动态性变化与文艺创作持久性之间是对立统一的关系。文艺创

---

① 习近平：《在文艺工作座谈会上的讲话》，载《人民日报》2015年10月15日第2版。

作需要长久构思、反复打磨，但学生从入学到毕业有其自身的成长规律。因此，高校要建立一种有序的机制，实现艺术教育的接续发展。第三，它的基础是二级学院。不同学院的相互独立性与面上工作的统筹性之间存在压力，而专业艺术院团和专业文艺机构是平面式管理，力量、资源调动比较方便。第四，它的运行有寒暑交替。艺术工作的持续性要求与寒暑假的中断性特点之间存在矛盾，需要师生放弃不少休息时间从事创作，高校要对师生的艺术工作在课时、工作量等方面予以体现。第五，它的空间是校园。文艺来源于生活与校园生活的相对封闭性是一对矛盾，高校应创造各种条件让更多师生有机会投身社会实践。认清这些差异特点之后，我们才能更有效地探寻创新艺术教育的思路和办法，提高艺术院校贯彻落实习近平总书记关于文化文艺工作重要论述的实际效果。

首先，艺术类院校要做好习近平新时代中国特色社会主义思想"三进"工作。切实抓好习近平新时代中国特色社会主义思想进教材、进课堂、进头脑，让青年学生深刻理解什么是人民的文艺，人民需要什么样的文艺，文艺怎样热爱人民，怎样到人民中去汲取营养，播下为人民抒写、为人民抒情、为人民抒怀的种子。例如，浙江传媒学院编写播音主持艺术学院学生的练声教材，把习近平总书记的重要讲话、论述、用典等融入其中，让学生带着思想读、带着感情读、带着记忆读，更好地入心入脑入行，指导专业学习。

其次，艺术类院校要将思政课程与课程思政有机结合起来，把德才兼备、德艺双修作为育人的重要目标。艺术类院校可以将习近平总书记关于文化文艺工作的重要论述纳入基础课讲全、讲透，组织学生研读习近平总书记的讲话原文，帮助学生树立正确的世界观、人生观、价值观。比如习近平总书记曾指出，"只有把生活咀嚼透了，完全消化了，才能变成深刻的情节和动人的形象，创作出来的作品才能激荡人心"[①]。对这些重要思想，学生听来生动好记，又富有

---

① 习近平：《在文艺工作座谈会上的讲话》，载《人民日报》2015年10月15日第2版。

指导性。学校在创作中共中央组织部、浙江省委组织部《新时代奋斗指南》《不忘初心学党章》《难忘初心》等党员电教片时，就组织创作团队的师生先学习、再创作，边创作、边学习，利用寒暑假到一线采风，保证方向准、立意高、内容生动，获得全国党员电教片最高奖"特别奖"，并作为浙江省主题教育必看视频教材。同时，学校还探索支部建在专业上的实践，如影视制作和影视摄像教师团队牢固树立"抓发展必须抓党建，抓党建就是抓发展"的理念，形成"专业强、队伍强""思政元素多、科创成果多"的发展特点，支部成功入选全国党建工作样板支部。总之，要让艺术类院校的思政课程有法、有味、有力，就要把思想性与艺术性有机融合，提升其吸引力、实效性。

最后，学习贯彻落实习近平总书记关于文化文艺工作的重要论述要聚起"一股气"。通过学习贯彻落实习近平总书记关于文化文艺工作的重要论述，提高学生的审美判断力、审美价值观，提升艺术服务社会的能力，让学生们充分认识到艺术是一种意识形态的存在，也是一个人修养素质的体现，只有真善美的东西才能流传下去，这股精气神要成为艺术类院校的灵魂正气。在全民抗击新冠疫情的战斗中，浙江传媒学院师生迅速行动，用艺术的感召力传播正能量，传播科普知识。电视艺术学院梁碧波教授带领相关团队全程拍摄民航包机赴泰国接回武汉同胞的细节，制作成纪录片《一路归来》，登上"学习强国"学习平台和央视纪录频道。动画与数字艺术学院师生除夕夜连轴转，为杭州疾控中心制作"杭医生"动漫形象，使整个抗疫工作的宣传更有效。设计艺术学院师生创作了系列抗疫海报，播音主持艺术学院师生创作了有声节目等。

三、艺术类院校贯彻落实习近平总书记关于文化文艺工作的重要论述，应当书香化美、德艺双修

一是培树一批德艺双馨、能教能创的名师。近年来，浙江传媒学院强调教学、科研、创作、社会服务四轮驱动，引育了一批打通学界业界的优秀教师，组成了有较好影响的科创团队。比如成立以著名指挥家、国家级人才陈正哲教授领衔的音乐艺术团队，参与多项国际性艺术活动；成立以梁碧波教授领衔的纪录片创作团队，为向新中国成立 70 周年献礼，带领师生参与创作系列纪录片，在央视平台播出；成立以鲁引弓教授领衔的文学创作团队，先后完成了《小别离》《小欢喜》等文学创作，广受好评，引发共鸣；成立以王小列教授、余源伟副教授领衔的导演摄影制作团队，完成电视电影《浴火书魂》、纪录片《孤山路 31 号》等佳作；成立以"金鸡奖最佳美术指导"获得者韩忠领衔的戏美团队，先后完成了《军师联盟》《如懿传》《三生三世枕上书》等影视美术设计；成立以国际摄影"荷赛奖"获得者傅拥军领衔的摄影团队，广泛参与乡村振兴摄影，组织海峡两岸青年摄影展、若干城市摄影节等，学生作品多次获奖；成立以杨超副教授领衔的视觉设计团队，参与多个社会服务项目，多位学生走上世界领奖台。

二是建立一套适应人员动态变化的机制。学校把好的项目融入日常实践教学之中，成为教书育人的一部分。比如《寄梦和氏璧》是学校一台多次展演的节目，2019 年参加了上海国际艺术节的展演和中国高等戏剧教育联盟首届大学生戏剧展演活动。音乐剧《红船往事》在完成国家艺术基金的 30 场演出任务后，转为实践教学内容、课程思政内容，并继续打磨，为建党百年献礼。同时，学校鼓励学生社团积极参与专业院团组织的活动，比如校话剧团《物理学家的喜剧》参与新生代戏剧计划，广获好评。

三是成立统筹协调整合各方的机构。利用学校省级协同创新中心平台和"中

国梦"文艺研创中心,打破学院藩篱,加强资源统筹,保证重要的文艺创作项目在资金、人员、场地等方面得到支持。比如《红船往事》就涉及音乐学院、设计艺术学院、播音主持艺术学院等,还要处理好排练与上课的关系、工作量计算等,有了中心的统筹协调,学校党委主要负责人挂帅,使该剧的排演、演出顺利完成。

四是支持创新毕业联展和社会实践活动。学校鼓励更多的师生走出校园,去做毕业联展,开展电影、电视学院毕业大戏的评奖活动,引领学生创作的正确导向。每年组织学生走出校园,融入社会,既有暑期丰富多彩的实践活动,也有短学期实习和毕业实习,使校园空间更加广阔,学生创作也更多来源于生活与实践。学校与中央电视台新闻中心共同建立央视·浙传融媒体实验中心,既为学生提供好平台,也直接参与重大活动。

五是鼓励艺术创作与理论升华的结合。大力支持科研工作,从实践中来,总结升华到理论层面,再更好地指导实践。2019年,学校教师获得国家级科创项目22项,省部级项目51项。同时,关注互联网技术和新媒体对文艺形态的影响,主动用网、主动联网。

四、艺术类院校贯彻落实习近平总书记关于文化文艺工作的重要论述,应当立足中国、放眼世界

高校国际化办学是推动中华优秀传统文化走出去的重要渠道,让中华文明走向世界也是高校的重要责任。艺术的语言最有国际性,也更易打动不同文化背景受众的心灵。

一是"走出去"。鼓励师生参与国际性文化艺术大赛。近年来,学校让"出

壳"服装大秀去英国展示，让音乐剧赴韩国演出，支持艺术家们去海外演出，开设中外艺术工作坊等，不仅提高了学校的影响力、美誉度，也成为宣传中华文化的窗口。

二是强合作。与国际上多家高校开展合作，如与英国考文垂大学开展合作办学项目，与英国的艺术类院校开展摄像教学工作坊，与美国密苏里大学开设新闻周等，搭建起中外交流的平台。

三是建平台。学校与多家国际传播媒体建立密切合作关系，每年组织师生赴平台实习学习，参与当地报道，同时也把中国文化、中国叙事传递出去。

（作者：杨立平；此文发表于《中国高等教育》2020年第10期）

以学生为主体的思想政治教学八法

习近平总书记在全国高校思想政治工作会议上的重要讲话，科学阐述了我国高等教育的根本属性，明确了高校立德树人的根本目标，旗帜鲜明地回答了高校为谁培养人、培养什么样的人、怎样培养人的问题，为新时期我国高等教育事业发展和思想政治工作指明了方向和道路。

浙江传媒学院认真学习贯彻习近平总书记重要讲话精神，努力探索创新具有传媒艺术院校特色与示范意义的思政教学方法，通过树立学生在思政教育中的主体地位，实现学生从被动听讲到主动参与的转变；通过摒弃灌输式的教学方法，实现思政理论从简单记忆到学生主动建构的转变；通过教学资源整合拓展，引入互联网与社会实践，实现思政教育从理论学习到培育和践行社会主义核心价值观的转变；通过考核方式的科学创新，实现思政教育从以应试为目的向学生思想道德品质与实践创新能力综合发展的转变；通过开展"学生主体"思想政治教育改革，学校坚持全员全过程全方位育人，初步探索出覆盖思想政治主课堂、通识课堂、专业课堂、第二课堂的思想政治教学八法。

一、理论阐述——主题思考法

主题思考法，就是针对当前思政"4+1"课堂主渠道，在思政课程教学大纲总体指导下，突破按照固定章节顺序讲授的限制，按照教学内容的内在逻辑对授课内容进行深化、提炼、充实、再加工，形成相对独立、内容紧密关联的各个教学主题，以主题的形式进行讲授。主题教学遵循教学大纲的各项要求，以教材为学生基本阅读材料，坚持以马克思主义原理和社会主义核心价值观为导向。同时，各个教学主题把社会热点问题与教学内容紧密结合起来，以实际问题丰富了理论教学内容、以理论阐述了社会问题，引发了学生学习理论、运用理论、了解社会的兴趣。主题思考教学过程中，教师格外注意树立学生的主体地位，引导学生主动运用理论知识，通过观察、思考、讨论，解决社会生活相关问题。主题思考法坚持思想政治理论教育与社会实践相结合，坚持解决思想问题与解决实际问题相结合，促进学生主动树立社会主义理想信念，建构正确的世界观、人生观和价值观。教学过程中，各主题分别由不同老师进行专门讲授，既深化了教学内容，又彰显了内容聚焦、深度学习的优点，有利于学生全面掌握理论框架，不断坚定中国特色社会主义道路自信、理论自信、制度自信、文化自信。主题思考教学法强化了思政课教学的针对性和实效性，树立了思政课教学的新理念，是提高思政课吸引力、说服力、感染力的有效模式。

二、师生互动——案例教学法

习近平总书记指出："好的思想政治工作应该像盐，但不能光吃盐，最好的方式是将盐溶解到各种食物中自然而然吸收。"①学校围绕学生学习生活、社会实践乃至社会舆论中所遇到的真实困惑，把教师想讲的与学生想听的结合起来，讲马克思主义的"中国话"、讲思想政治理论的"普通话"，让基本原理变成生动道理，让根本方法变成管用办法，把解决学生的思想问题与实际问题更好地结合起来。高校思政案例教学法中，面对实际问题，师生处于相对平等的位置，学生在教师的引导和帮助下，面对情景问题或社会实际问题进行分组研究。各小组通过查找资料、理论分析、自发讨论、共同研讨提出解决方案，最终在教师指导下，修改完善方案后得出结论。案例教学中，学生由被动接受变为主动思考，能够主动运用理论提出自己的观点、解决方案并进行论证，从而更好地理解并掌握理论，提升自主学习与创新能力。

三、精神升华——名家示范法

邀请校内外知名专家，通过大型讲座、网络教学等形式，以其自身经历与实际经验给学生上思政"示范课"，有助于实现思政教育的进一步升华。传媒艺术类院校具有丰富的"名人""名流"资源，立德树人的率先垂范作用极为显著。这些名家的"浩然正气"以及"堂堂正道"的自信与豪迈，是正能量的动力源泉。他们言传身教，身正为范，做到政治认同、情感认同、作风认同；通过自己知党信党、爱党护党的心路剖析，树立学科自信、队伍自信、发展自信的实际经验，用饱满的精神、健康的情操引领学生。随着互联网的不断发展，全国优秀思政教师在各类在线开放课程平台上开设公开课，各地师生可以直接

---

① 习近平：《在全国高校思想政治工作会议上的讲话》，载《人民日报》2016 年 12 月 9 日第 1 版。

感受国家级名家大师的思政课堂。为最大限度发挥名师示范课的效果，学校思政教育融合传统课堂教学，采取在线分散学习、课上集中讨论、个性化辅导教学、课上课下结合的混合翻转式教学方法。线上学习名师示范课程时，本校教师服务学生在线答疑、共同讨论，根据学生学习情况发布讨论主题、课后练习。课堂集中授课阶段，助教老师针对学生疑惑、教学难点进行重点讲解或个性化单独辅导，满足学生个性化发展需求。线上线下结合的翻转式教学充分利用了学生课上课下的时间资源，将思政课堂主渠道拓展到教学课时之外，延伸了思政教育的时间与空间；以个性化的方式对学生个体展开思政教育，提升了思政教育的针对性、有效性。这种教学模式进一步强化了学生学习主体地位，有利于学生养成自主学习、主动思考的习惯，为进一步开展思政教育打下了坚实的基础。

四、实际运用——一线实践法

正确的世界观、人生观、价值观来源于理论学习，更要通过生活实践验证。思想政治课堂不能局限于校园、网络，更需要延伸到社会。学校通过设置思想政治课的实践环节，独立设置思想政治暑期社会实践，包括举办志愿者活动、外出参观、社会调研、读书分享等系列活动，让学生在实践活动中落实思想政治教育，在解决实际问题时履行道德义务，在社会生活中践行社会主义核心价值观。通过实践，让思政课真正走进学生的心中，从理论课的"主体学习"，过渡到实践活动初期的"情感体验"，最终在实践行动中"内化践行"学习成果，实现思想政治教育理论、情感、行为的统一。学校在思政实践中重视发挥学生专业特长，积极引导学生发挥媒体宣传、创意策划等方面的优势，使学生的思想教育与专业学习相协调。例如，在宣传浙江省"五水共治"活动中，学生通过制作丰富多彩的动漫作品来宣传治水，取得很好的教育效果。结合专业实践活动，学生将对思政教育的认知、理解、感悟和体验融为一体，真正成为生活的主体、思政教育活动的主体、社会活动的主体。学生学有所思，行有所悟，知行合一，证明思政课真正成为让学生心灵上有触动、思想上有感悟、行动中有体现的课程。

五、课程考核——成果展示法

思想政治教育的核心在于思想行为的转变，即通过教学，让学生学会运用马克思主义的立场、观点和方法，以社会主义核心价值观为引领，提高分析问题、解决问题的能力，成为中华民族伟大复兴的合格建设者和可靠接班人。考核就是要检验教学工作是否完成了这些目标。学校以体现过程性、多元性、实践性的新考核思路，整体设计思政课程考试新模式，把理论知识、实践环节、平时考核作为有机整体，采用课堂考勤、课堂讨论等多种方式，考查学生理论素养和知识、情感、信仰、行为的统一，考查学生运用马克思主义立场、观点和方法分析问题、解决问题的能力。由于实践教学在思政教育中的地位不断提高，学校特别针对思政实践课程、实践教学环节，设置以成果展示为标志的实践考核体系。任课教师全面参与学生的实践过程，在实践设计、实施展开、成果制作与汇报、成果分享、后期完善等环节，一方面对学生进行必要的指导与敦促，另一方面在每一环节对学生进行逐一考评，最终形成过程性、激励性、科学性、全面性兼顾的评价结果。同时，教师在实践工作中走近学生，和他们交朋友，感知学生的心声，了解学生的特点，做到心灵相通，提升了思政教育的感染力和说服力。来自不同专业的学生组队合作，发挥各自专业优势，以微电影、视

频、艺术作品等载体展示思想政治教育成果，丰富了思政教育形式与素材案例，有助于对低年级学生发挥示范性作用，促进思政工作良好氛围不断形成。

六、拓宽视野——自我教育法

学校不断强化以学生为中心的理念，强调从教师的"教"转向学生的"学"，以自主、探究、合作式学习促进学生自我成长。学校积极开发、引入优质的网络视频课程，结合广播电视制作专业力量，推出一批富有特色的网络思想政治教育课程，丰富了网络思政课程资源。这些网络资源可以由学生在课余时间自主安排学习，主要教学内容由学生自学，学生课后可以与助教进行交流答疑。学生通过网络渠道及时便捷地咨询学习生活中的困扰，有助于思政课教学真正走入学生生活、学生内心，帮助学生解决实际问题，引导学生关注社会发展，关注自我成长。其中，学习党章系列电视教材《做合格党员》最受学生欢迎。这是学校承担摄制的电视教材，邀请中央电视台特约评论员作为讲述人，中央电视台新闻主播配音，多角度解读党章内容，重点体现习近平总书记重要讲话精神和党章重要内容。《做合格党员》紧扣"基础在学、关键在做"的主题要求，坚持"原汁原味"解读党章，立足"用大白话讲大道理"，围绕中央强调、党员关注、群众关心的"全心全意为人民服务""补好理想信念之钙"等十个主题，制作成十集微视频，成为师生课后思政学习的重要网络素材。

七、环境育人——文化浸润法

课堂是大学生思政教育的主渠道，校园是大学生思政教育的主阵地。学校营造优良的校园文化氛围，把思想政治教育工作全面覆盖校园每个角落，形成管理育人、服务育人、文化育人的长效机制，实现全员全过程全方位育人。同时把解决学生的思想问题和日常校园生活结合起来，让校园始终充满积极向上的正能量、朝气蓬勃的青春活力，展现改革创新的时代风采。学校注重以文化人、以情动人、以理服人，充分利用浙传阅读、博士讲坛、圆桌夜谈、凤鸣大讲堂等主要传播载体，用文化滋养青年大学生心灵；运用微团课、"星空下的谈话"等平台，让学生在自我教育中寻找同龄人中的榜样；通过听报告文学、观看视频、排演情景剧等方式引发学生的讨论与思考，让好榜样刻骨铭心。学校还结合校风学风建设，开展主题教育。例如深入开展"青年学子学青年习近平""我的中国梦""与信仰对话""文明修身，做高素质传媒人"系列主题教育实践活动，引导广大学生广泛关注信仰问题，将个人修身、个人发展与中华民族伟大复兴的中国梦结合在一起，立志学习青年习近平，践行总书记的青年成才观。此外，学校大力发挥党组织和共青团的思想引领作用，实施青年马克思主义者培养工程，办好学生党校学习和传媒先锋班等学生骨干培训班，支持中国特色社会主义读书会等学生理论社团建设。

八、课程思政——专业结合法

习近平总书记提出，高校其他各门课都要守好一段渠、种好责任田，使各类课程与思想政治理论课同向同行，形成协同效应。① 学校强化专业课程育人导向，推动"思政课程"向"课程思政"转变。学校不断创新，将思政元素贯穿于哲学社会科学类学科基础课中，在新闻学、文学、文艺学等专业中增加社会主义发展史、中华优秀传统文化的内容，促进学生正确认识自己所承担的时代责任和历史使命，激励学生自觉把个人理想追求融入国家和民族事业中，将个人梦想融入中华民族伟大复兴的中国梦。学校积极探索，将思政元素贯穿于专业原理、史论类课程中，激发学生专业兴趣，实现隐形思政。为突出新闻传播学科特长，学校在专业学习中强化马克思主义新闻观、马克思主义文艺观教育，促进学生将专业理想与我国传媒文化事业发展需求结合，树立远大抱负，珍惜韶华、脚踏实地、积极行动。对于非新闻传播类专业学生，学校通过新闻专业素养培养，让学生能够正确地理解新闻、解读新闻。通过正确解读各类新闻报道，学生能够以马克思主义新闻观为指导，认清国内外形势，树立正确的世界观和价值观，不断增强社会责任感和历史使命感，自觉做社会主义事业的合格建设者和可靠接班人。

（作者：杨立平；此文发表于《中国高等教育》2017 年第 18 期）

---

① 习近平：《在全国高校思想政治工作会议上的讲话》，载《人民日报》2016 年 12 月 9 日第 1 版。

高校美育是思政教育的载体

2018 年 8 月 30 日，习近平总书记在给中央美术学院八位老教授的回信中指出："做好美育工作，要坚持立德树人，扎根时代生活，遵循美育特点，弘扬中华美育精神，让祖国青年一代身心都健康成长。"① 这段重要论述，为高校做好美育工作指明了方向，打开了视野。我们必须以此为指导，提高站位、理清思路、创新方法，更加扎实有效地推进美育事业。

美育重在立德。美育是教育方针的重要组成部分，是审美教育，也是情操教育和心灵教育。它不仅能提升人的审美素养，还能潜移默化地影响人的情感、趣味、气质、胸襟，激励人的精神、滋润人的心灵。美育是塑造人、引领人、激励人的过程，是以美化人、净化心灵、培养健康人格的高尚事业。从这个意义上说，美育就是德育的有机组成部分，是高校思政教育的重要载体。高校应当将美育纳入立德树人的大思政体系中谋划设计，特别是要把美育的思政之魂立起来，防止把美育简单地归结为一些基础艺术教育，把美育狭隘地落在几节音乐、美术、影视鉴赏课程上，或者学点吹拉弹唱，懂点绘画、摄影等就满足了。我们必须树立以德育引领美育、以美育赋能德育的观念，让学生在欣赏美、

---

① 习近平：《回信》，载《人民日报》2018 年 8 月 31 日第 1 版。

体验美的过程中愈加富有内在美、心灵美。

美育乐在激发。美育可以"以美益智"。美育同知识化为主的智育相比，有其独特属性，不拘泥于严格逻辑，不追求标准答案，它给人以最大想象空间，天马行空地把自己的理解感悟用艺术手法表达出来。这个过程就是"以美益智"的过程，是身心快乐的过程，是美育"乐在激发"的作用，并具有不可替代性。"以美益智"可以极大地激发人的观察力、想象力、创造力，开发人的形象思维和手眼脑协调并用能力。美育可以"以美悦心"。美育的多种表达中最直观的是艺术表达，人们在享受艺术之美的过程中，身心得到愉悦，心灵得到美化，激发人们用美的意境去改造生活、创造生活的强烈愿望，增强人们内在意愿和自信心，珍惜多姿多彩的人生。美育可以"以美启真"。中华民族讲究"真善美"相统一，通过美育教化，激发人们对中华民族不屈不挠、英勇顽强意志美的传承，对自力更生、昂首奋进新时代自信美的坚守，对祖国大好河山自然美的珍爱，对各行各业先进人物道德美的弘扬。

美育贵在践行。开展美育要把大美之艺融入大美之心、落于大美之行。当前出现了一些令人担忧的社会现象，比如有些人衣着挺好，但举止不美；比如有些人在虚拟场景上看起来美，现实场景中却不是很美……如此种种，让我们看到美育最重要的是要体现在每个人在现实社会中的言谈举止上。美育内化为心灵之美，也要外化为行为之美。曾有一部讲述用文化力量、美育魅力改造农民、农业、农村的电视剧：上级下派的村支书持之以恒带领一群看似土气的村民读书写字、作画吟诗，这些后天教育影响感化了村民，拓宽了他们的视野，开阔了他们的思路，新农村蓝图在他们勤劳的手中化为最美丽的图景。书香变成了实实在在的人生哲学、生活美学，村民们收获了幸福与快乐。一些发达省份的社会主义新农村就是用美的思维影响农民、美的艺术装扮乡村、美的产品提升内涵，走上了农文艺旅融合致富之路。

美育实在创新。就目前美育工作实际情况看还存在一些短板，除理解上的误区外，还存在着课程滞后、师资力量不足、资源配置薄弱、教育手法单调、考评体系固化等问题。对此，我们必须要以改革创新精神推动高校美育工作。要开发多方面美育教育体系，除基本课程外，尤其要针对互联网时代对美育提出的新挑战，关注网络文化对学生审美多角度的影响，引导学生实现虚拟社群与现实社群有机切换，防止沉溺于虚拟社会难以自拔。要与时俱进完善美育考评机制，引领学生更多投身火热的改革开放伟大实践，不能唯成绩论英雄，而是兼顾学生在关键时刻的表现、危难关头的风采，让行为美成为当代大学生自觉追求。在新冠疫情防控中，许多大学生挺身而出、逆行而上，展示了当代大学生的勇敢担当，这是最好的美育效果展示。

（作者：杨立平；此文发表于《光明日报》2020年9月9日第16版）

在大变局中担负起新闻媒体的使命职责

——《新闻文化建设》杂志专访

记者：据了解，您长期从事党建、组织工作，思政和人才队伍建设方面的研究与实践，现在又从事传媒教育。在您看来，现在的新闻业态和过去有何不同？目前，我国广电新闻工作者面临哪些新的问题和任务？

杨立平：我早年也做过记者，后来从政，再到现在从事传媒教育工作。在我的内心深处对新闻人，对传媒行业一直很有感情，也一直保持关注。我感到现在的新闻业态和过去相比已经发生了根本性的变化：

一是新闻的"源头"已经不是新闻记者独家掌握的了。现在某个地方发生了什么事情，现场的目击者很快就能通过手机发送图片、视频，也就是我们现在常说的人人都有麦克风。曾经的用户或者读者已经成为新闻的创造者。二是新闻的"媒介"已经不局限于报纸、广播、电视、杂志这些传统的媒介平台，而是进入了多元时代，今后有可能进入万物皆媒时代。现在网站新闻、新闻客户端已经成为年轻人的第一信息源。三是新闻的"传播"已经不是单向式、被动式，而是互动式、交互型，一点对多点甚至多点对多维，能够跨越地域限制，实现无域同频、众人互动。四是新闻的"形态"已经不再是简单的"文字＋静图"，而是更多地被"视频＋动图"取代。五是新闻的"技术"已经不是一支笔、一张纸、一个镜头、一个键盘可以支撑的，各种应用软件也都在考验新闻人的新技能。

六是新闻的"数量"已经成为海量，如何在海量信息中被受众关注、引发反响，已经成为新闻的一大挑战。因此，在这样一个根本性的变化的背景下，我感到今后做一个合格的新闻人面临的竞争强度更大，创造一个优秀的新闻作品难度更大。必须是高度热爱这份事业的人，有新闻职业理想的人，才有可能成为优秀的新闻人。同时，新闻人也面临着更多的诱惑，从事新闻行业的人一般整体素质都比较高，善于思考表达，社会阅历丰富，社会上许多新媒体、自媒体都处于人才短缺的状态，各类抢人的情况屡见不鲜，所以新闻人也会面临艰难抉择。如何用职业定力来实现自己的新闻理想，也是一种新的考验。再者，过去读者或观众地域性强，上星上网之后，亿万人看你这条新闻，有一点瑕疵都逃不过大众的火眼金睛。因此，对一个新闻人的职业素养也会提出更高要求。

记者：随着科学技术的快速发展，网络的普及和新媒体影响力的日益增强，传统媒体受到很大冲击，甚至有人说相对于新媒体，传统媒体已经没有存在的必要。您如何看待这个问题？

杨立平：不能简单地这样表述，否则容易引起歧义。如果从媒介形态来看，传统的纸媒、广播、电视、杂志的确受到网络冲击，但从媒介性质来看，传统媒体是我们国家的主流媒体，有鲜明的意识形态属性，是党的宣传工作的重要组成部分，肩负着履行党的新闻舆论工作的职责，肩负着举旗帜、聚民心、育新人、兴文化、展形象的使命，肩负着为实现中华民族伟大复兴的中国梦提供强大精神力量和舆论支持的重任。因此，任何时候我们都要高度重视传统主流媒体的建设和发展。当然，其发展的路径也可能不同。比如，县级报纸电视网络融合为一体，建融媒体平台，设立传媒集团，这就是很好的改革路径。但是再怎么做，党媒姓党的性质不会变。从媒介的变革看，这种认识也是偏颇的，是以一种静态静止的态度看传统媒体。

其实互联网时代，传统媒体的变革也是很大的，杯子没变，但是里面的料早就变了。在坚守主业的同时，都在拓展创新。不论是内部形式上，还是经营理念、传播方式上都在改革，并取得了很好的成效。从央媒来看，新华社、中央广播电视总台、《人民日报》等都已经成为全媒体发展的先锋。一些省市如湖南、浙江、江苏等地的传媒行业，也都闯出了一条适应本省省情民情的新路，主流媒体强大的生命力、公信力和影响力依然十分明显。再者，在某些新闻的深度挖掘，重大事件的现场报道等方面，主流媒体的优越性也是显而易见的。

因此我认为，可以有传统媒体传播时代和互联网媒体传播时代之分。随着互联网成为媒体主战场，任何媒体都不可能固守传统的形态，用传统媒体和新媒体来简单区分可能是表达上的一种习惯而已，但并不等于科学的分类。今后任何媒体都要进行互联网传播，都应当做强做优国家主流媒体，做好做活社会大众媒体，引导监督个人自媒体。这当然也是我个人之见。

记者：习近平总书记在新闻舆论工作座谈会上对新闻事业和新闻工作者提出了新要求，作为党和政府联系人民群众的窗口喉舌，您认为新闻媒体在中华民族伟大复兴道路上，在如今复杂的国际环境中，面对百年未有之大变局，应当如何更好地担负起重要的使命和职责？

杨立平：习近平总书记历来高度重视党的新闻与舆论工作，多次发表重要讲话，多次到新闻第一线走访调研，与新闻工作者座谈交流，既给新闻舆论工作指明方向，也让一线新闻工作者倍感温暖、倍受鼓舞。我们有不少校友都有这样的感受，也常回母校来分享这份经历。

面对百年未有之大变局，所有的新闻战线和从事新闻人才培养的机构，首先，应当深入学习领会习近平总书记关于新闻舆论工作的系列重要论述，从中找到世界观、人生观、方法论的指引，担当起媒体人特有的使命和职责。其次，要投身改革，用壮士断腕的胆魄和勇气来审视自身，从理念、内容、体裁、形式、方法、技术、手段、业态、体制、机制等多方面拥抱互联网，拥抱新技术，紧跟新时代。再次，要集聚队伍，以更宽广的胸襟、更灵活的机制、更丰沃的土壤吸引人才、培养人才、用好人才。线下时代的传播与线上时代的传播需要新的人才结构重构，由于人自身的禀赋差异，那些从老的传播方式走来的传媒人积累深厚，有的可能转型容易，有的可能转型困难。所以对这批资深的传媒人要进行分流管理，提供多条选择路径，同时大力吸纳新生代传媒人才。传媒人才更是一种创新型、复合型、应用型人才，因此培养传媒人才与培养研究型人才是不同的，需要加大校企、校媒、校网合作，树立实践即实战即学习的理念。注重为行业输送基础宽、专业实、技术强的传媒后备人才。最后，要强化国际视野。在全球一体化大格局大背景下，世界已经互联互通，中国声音要走出去、传播出去，要有国际视野、国际语态、国际化叙事表达和特别强的关联能力、想象能力。正如我们有熊猫、有功夫，却没有《功夫熊猫》，这方面还是我们的薄弱环节。我们近几年就专门招录了全球传播与传媒教育方向的研究生，希望能为国际化传播培养一批人才。

记者：正确地引导社会舆论是新闻媒体的一项重要职责。但随着网络媒体的迅速发展，一些不法分子为了获得流量和关注，利用人们的各种负面心理，借助网络平台扭曲事实，甚至编选发布虚假信息，使舆论环境鱼龙混杂。在这种形势下，新闻媒体应该如何突破舆论引导困境，正心正人，提升舆论引导力？

杨立平：互联网阵地面对海量用户，同时也拥有众多的网络传播平台，的确存在无序化、低俗化、情绪化问题。垃圾信息泛滥，人民群众喜闻乐见的新闻信息不足，有思想、有温度、有品质的作品短缺，社会舆论场的导向出现问题，给网络生态治理带来重大挑战。习近平总书记反复强调："过不了互联网这一关，就过不了长期执政这一关。"[1]因此净化网络生态，主流媒体责无旁贷、义不容辞，高校同样要通过教书育人，让学生更好地树立马克思主义新闻观，成为社会主

① 习近平：《论坚持党对一切工作的领导》，北京：中央文献出版社2019年版，第129页。

义传媒事业的接班人，具体来说：

一是主流媒体行动要快。第一时间占据舆论制高点，利用自己的权威公信力形成强势传播之势，而且应当形成主流媒体自有互联网平台和其他大网络平台的良性互动，提升传播力。

二是主流媒体创意要新。当今的信息传播，如果想产生好的传播力、引导力、影响力、公信力，首先受众要点击。因此必须在标题、创意上有冲击力。比如新华社的新闻《中国密码：15665、611612！》，读者一看标题就有点击的冲动，一看内容更是引人入胜。我认为这是主流媒体在全媒体语境下，内容创新、形式创意、主题立意和表达形式高度融合的成功典范，非常值得我们将其作为案例进行教学研究。再比如我校梁碧波教授作为艺术指导的微纪录片《见证初心和使命的十一书》，选取11位共产党人的感人素材，浓缩了千千万万个共产党员忧国忧民、浴血报国的光辉形象，感人至深。我们期待有越来越多这样的优秀作品问世。

三是主流媒体公信力要强。凡是经主流媒体发布的信息必须是真实、客观、可靠的，并且在公众心目中树立很好的公信力标杆，相信主流媒体，信任主流媒体，并愿意接纳这些信息，在心中树立"主流媒体说了那才是真的"这样一种共识，并由此扩大自己的朋友圈，培育一批忠实受众。

四是主流媒体报道要深。除了一般信息发布，主流媒体应善于通过系列的、细微的、跟踪的、持续性的、多视角的采访报道，还原事实的真相，让一个个事件更加有血有肉，引发受众共鸣。

当然，净化网络空间不可能只靠媒体。社会公众要提高法治意识，不造谣、不传谣，在信息消费过程中要提高防范意识、求证意识和鉴别能力。同时，社会管理者要提高对网络信息生产传播秩序的治理能力和水平，应当进一步明确不良信息鉴定标准、认定程序、责任追究等。要用好大数据、云计算等。同时追踪发现问题信息，对发布平台进行有效监管和严肃追责。

记者：作为传媒教育工作者，您认为党的新闻舆论工作者深入基层的重要性是什么？基层新闻记者如何具体践行"四力"，讲好精彩感人的"新时代故事"？

杨立平：有人说，"真正的新闻是历史的底稿，这些印在纸上的文与图是留给时间的物证"。这句话说得特别好。第21个记者节刚刚过去，我们有不少学生在回忆那些曾经对社会产生改变和推动作用的新闻报道时，都很感慨。时间虽然走远，但这些报道依然闪耀。新闻人的意义和分量，永不褪色。这些让人永远铭记的报道是新闻人不怕艰难困苦，不怕生命危险，深入一线得来的珍宝。记者，是守望者、观察者与思考者。只有深入基层才能发现真相，找到线索。绝不能因为资讯发达了，信息便捷了，就粘贴一下、转发一下敷衍了事，嚼别人嚼过的馍，既不香也不鲜，别人也不会吃。因此我们一直教育学生要向老一辈新闻工作者学习，践行"四力"。一要有吃苦精神，用脚步丈量现场。出新闻的地方往往都不是好玩的地方，有时甚至是很危险的地方，比如超强台风现场、汶川地震现场、疫情救治现场都很危险，但只有到一线才能让自己的新闻有泥土味、带露珠鲜，有真实感、可信度。二要善于发现，炼就火眼金睛。要培养自己敏锐的洞察力，从别人不易想到、不易看到的角度找到新闻价值。新闻工作者最大的快乐就是发现线索，传播信息，发现问题，最终促成问题的解决。三要注重跨界思维，提高策划生产能力。现代网络传播往往要造就爆款，因此新闻人的策划生产能力尤为重要。新闻人要多学、多思、多积累，尤其是强化自身迁移思维、跨界思维的能力，善于不同元素的组合关联，使自己脑洞收放能力不断增强。四要强化复合能力，注重新闻成果的多元展示。我理解"笔力"已经不是单纯的写的能力，而是导、写、编、评、说等复合能力。我想，一位记者具备了这些能力，他一定能讲出新时代的精彩故事。

（此文发表于《新闻文化建设》2020年第10期下）

创新"3S"理念　探索融媒视域下的课程思政

　　浙江传媒学院始终坚持把立德树人作为中心环节，把思想政治工作贯穿教学全过程，立足传媒特色探索课程思政新路径，创新时、史、势"3S"理念，做强"三全育人"内容"供给侧"，探索多学科渗透、多元并进的"思政八法"，全力构建"传媒＋大思政"育人格局，着力培养信仰坚定、"理实"相融、德艺双修的卓越传媒人才。

一、"传媒＋时政"校准课程思政"定盘星"

　　马克思主义新闻观、文艺观是传媒高等教育的"定盘星"，是浙江传媒学院开展课程思政教育的"压舱石"。我们牢牢坚持社会主义办学方向，坚持党的政治引领，用新发展理念指导思政课程和课程思政教学改革，把课程思政融入党和国家大局，改变了以往就思政讲思政、就学校谈思政的小空间，真正在新时代、大格局上构建大思政，努力打造一门门学生喜闻乐见、想听爱学、勤学善悟的时代新课。根据立德树人与专业培养相结合、教书与育人相结合、知识传授与价值引领相结合的要求，依据不同学科专业的性质特点，思政教师和专业教师共同备课、共同挖掘传媒专业中蕴含的思政价值和精神内涵，把"国之大者"引领与塑造灵魂融入所有课堂，形成了理论武装、专业升华、实践实战的大思政格局，明确了不同思政育人平台的着力点，助力达成学思悟贯通、知信行统一。

浙江传媒学院牢固树立"德艺双修"理念，突出课程思政的五大类思政德育内容，围绕"一个试点方案、一个核心专业、一个核心团队、一组核心课程、一系列特色成果、一个典型模式"的建设思路，结合各学院学科专业教学特点，在"课程思政"全覆盖基础上，重点培育一批示范通识课和专业课，通过举办课程思政专题征文、教学案例征集、教学大赛等，打造了40余门课程思政金课，实现"一院一品""一院多品"。浙江传媒学院结合专业课程特点，充分运用影视创作、配音朗诵、音乐歌曲、舞台表演等丰富多彩的艺术育人方式，用艺术表达坚定理想信念，用视听语言展示家国情怀，用媒体传播讲好中国故事，让专业教育变得有特色、有温度、有深度。浙江传媒学院王一婷老师获得首届浙江省"我最喜爱的高校优秀思政课老师"称号，成为十位获奖教师中唯一一位课程思政老师。

二、"专业＋四史"融通课程思政"聚能环"

浙江是改革开放先行地、习近平新时代中国特色社会主义思想重要萌发地，浙江传媒学院将浙江独特宝贵的红色资源有机融入课堂教学、科研创作、课外实践等育人全过程，推动党史学习教育入脑入心。持续完善"4+X"制度，以4门思政必修课为基础，将"四史"教育、浙江改革发展的光辉历程、"八八战略"伟大实践、浙江红色资源有机融入所有专业课程，"如春在花、如盐化水"地

让所有课堂和课程都上出"浙江味""传媒味""思政味"，切实增强思政育人的针对性、亲和力、时代感，让广大青年学子深刻领悟中国共产党为什么能、马克思主义为什么行、中国特色社会主义为什么好的大道理，达到增信立志明德的效果。

浙江传媒学院结合影视、动漫、摄影、音乐、美术等各领域课程教学创作了一系列优秀红色文艺作品。师生参与创作的纪录片《携手，为人民》亮相2021年7月召开的中国共产党与世界政党领导人峰会；师生担当的美术团队赋能建党百年献礼大片《觉醒年代》。浙江传媒学院还承担制作了浙江省委组织部建党百年电视片《航程》《榜样人物》；开展原创音乐剧《红船往事》、红色话剧《望道》、音诗画舞台剧《百年追寻》、原创音乐剧《国之光荣》、大型舞剧《秀水泱泱》等红色系列创作展演巡演；与上海市徐汇区、中共一大会址纪念馆等共同推出"主题音乐党课"，举办"电影中的党史""声音中的党史""照片中的党史"等系列活动，让学生深切感悟建党百年辉煌成就。

三、"实践＋行业趋势"筑牢课程思政"好场景"

浙江传媒学院坚持守正创新，培育时代新人，把思政要素融入传媒专业能力培养当中，深刻把握传媒大变革趋势，擦亮新时代传媒人的本色。浙江传媒学院深入推进教学、科研、创作、社会服务四轮驱动，不断打破校内外协同育人壁垒，积极创新思维方式，引领学生到传媒行业一线了解党情、国情、民情、社情；鼓励思政教师、专业老师、行业名师"三师联手"，共授课、同育人；破除"为考而学"，建立过程性、多元化的新考核思路，通过"艺稻""出壳""实践路演"等成果展示，有效提高"双课"融合度。

　　浙江传媒学院运用"互联网+""技术+"等方式，以"全媒融合"为平台，打造云端展示空间，构建思政教育与传媒融合的全新机制，推动课程思政与教学科研创作相融相促，彰显传媒特色。浙江传媒学院还引导学生将马克思主义新闻观教育和实践教学贯穿于全媒体采、写、编、播各个环节，着力打造师生喜爱的融媒体育人视听产品，以"有思想、有温度、有品质"为目标，充分发挥全媒融合对大学生的思想引领、价值塑造、文化熏陶与精神提振的作用。

　　除此之外，浙江传媒学院还与浙江卫视、《浙江日报》等媒体紧密合作，开展多场课程思政直播课，打造了系列课程思政短视频，网络阅读超亿次，形成现象级传播效果，思政教师成为最受学生喜爱的教师。浙江传媒学院师生也积极融入国家地方新闻实践，提升社会服务能力，拓展人才培养渠道，参与亚洲博鳌论坛、中国国际进口博览会等国家重大新闻事件融媒产品的全链条生产，让学生在实践中不断磨炼传媒人的脚力、眼力、脑力、笔力，使学生善思、敢闯、会干。

　　（作者：杨立平；此文发表于教育之江微信公众号，2021年12月27日）

如何推动学校国防教育工作高质量发展

党的十九大报告提出，坚持走中国特色强军之路，要加强全民国防教育。强大的国防是国家、民族生存与发展的基本条件，推进国防教育是全党全国人民共同的事业。学校国防教育工作是全民国防教育的基础，是实现立德树人根本任务的有效途径。习近平总书记指出，要加强全民国防教育，巩固军政军民团结，为实现中国梦强军梦凝聚强大力量。① 习近平总书记的重要指示为深化学校国防教育改革提供了根本遵循，指明了前进方向。

为深化学校国防教育改革，提高青少年学生综合国防素质、国家意识、国防意识和忧患意识，"十三五"期间，教育部以"国防教育示范学校、特色学校"创建示范项目为抓手，在全国范围内综合认定 6907 所学校为"国防教育特色学校"，认定 1932 所学校为"国防教育示范学校"，推动学校创造性地开展国防教育，鼓励创新发展，探索典型经验，突出区域特色，发挥示范引领作用，辐射带动各级各类学校国防教育工作创新发展。国防教育特色学校、示范学校的创建，有利于深化学校国防教育改革，提高青少年学生综合国防素质、国家意识、国防意识和忧患意识，培养学生的社会责任感、创新精神和实践能力，以机制创新带动学校国防教育深入开展和提高质量，有效发挥国防教育的育人功能和

---

① 习近平：《决胜全面建成小康社会 夺取新时代中国特色社会主义伟大胜利》，载《人民日报》2017年 10 月 28 日第 1 版。

综合效益。

"十四五"规划期间，如何在新时代背景下更好地发挥国防教育特色学校、示范学校的示范引领作用，推动学校国防教育工作高质量发展，我们有了以下几点思考。

一、要创新机制，深化教学改革

在"建设高质量教育体系"的语境下，国防教育特色学校、示范学校的教育教学改革要坚持德智体美劳"五育并举"，以提高青少年综合国防素质为基本要求，着力强化育人功能，着力创新方式方法，着力加强条件保障，健全校内校外密切结合的学校国防教育网络，促进学校国防教育与德育、智育、体育、美育有机融合。学校和教师要因地因校制宜，根据当地经济社会发展与学校教育实际，充分挖掘和利用当地自然人文环境和历史文化传统等教育资源，创新教育方式方法和载体，凸显本地区学校国防教育工作特色，推进学校国防教育深入发展。鼓励学校依托"互联网＋"、微课等方式，充分利用优质国防教育教学资源，增强学校国防教育的开放性、体验性和实践性，在育人机制的创新中提升国防教育的生机与活力，在教育手段的创新中强化国防教育实效，在工作方式的创新中加强国防教育保障。

二、要强化监督，优化考评机制

国防教育特色学校、示范学校应以机制创新为持续动力，不断提高学校国

防教育的组织管理水平。学校分管国防教育的领导和工作部门应主动了解和实施国家国防教育政策，提高履行国防教育职责的能力。要切实将国防教育纳入学校重要议事日程和年度工作计划，协调解决实际问题。调动学校德育管理部门、共青团、少先队等方面的积极性，形成多部门配合开展国防教育的工作合力。各地教育行政部门应加强对国防教育特色学校、示范学校创建活动的监测评估，并适时开展国防教育特色学校、示范学校复核工作。以复核工作为契机，全面总结成果，深化改革创新。在复核过程中，对建设成效不佳的国防教育特色学校、示范学校要进行督促整改，对经整改仍不到位的应启动退出机制。

三、要加强宣传，促进经验交流

各地教育行政部门应充分发挥报刊、电视和新媒体等的作用，对国防教育特色学校、示范学校在经验积累和典型示范等方面的作用进行广泛宣传。通过组织开展本区域内的国防教育特色学校、示范学校经验交流活动，建立国防教育特色学校、示范学校带动其他学校开展国防教育的工作机制。同时，要继续举办好全国学校国防教育典型案例遴选工作。2019年起，在教育部的指导下，浙江传媒学院结合办学特色和优势，承办全国学校国防教育典型案例遴选工作。为承办好教育部全国学校国防教育典型案例遴选工作，学校专门成立国防教育研创中心，打造一支素质过硬、专兼结合、善于创新的国防教育教学队伍。通过开展全国学校国防教育典型案例遴选工作，有效促进了国防教育特色学校、示范学校总结交流经验，发挥示范引领作用，从而辐射带动各级各类学校创新发展。

（作者：杨立平；此文发表于《中国青年报》2021年4月26日第8版）

坚持立德树人，强化思想引领

——浙江省高校思想政治工作方式方法创新研究

高校思想政治工作关系到高校培养什么样的人、如何培养人以及为谁培养人的根本问题。因此，高校的思想政治工作既关乎每个青年人的前途和命运，也关乎整个国家和民族的前途和命运。

一、突出政治意识，强化思想引领

高校是培养和造就中国特色社会主义事业建设者和接班人的主阵地，是意识形态的重要阵地，也是引领社会风尚的重要阵地。浙江省历届省委、省政府高度重视高校思想政治工作，高度重视大学生的健康成长。党的十八大以来，浙江省认真学习贯彻习近平总书记关于加强高校思想政治工作的一系列重要指示精神，始终把坚持社会主义办学方向放在高校工作的首位，主要领导一任接一任亲自抓，采取了一系列重要举措加强和改进高校思想政治工作。2005 年起，在时任浙江省委书记习近平同志的主持下，浙江省委建立了省领导联系高校和定期为高校师生作形势政策报告制度。十余年来，省委、省政府领导深入高校开展调查研究，为大学生作形势政策报告 250 多场次。省委明确提出，做好高校思想政治工作，必须坚定社会主义办学方向，巩固马克思主义指导地位，引导青年学生形成正确的世界观、人生观和价值观。同时，浙江省还出台了高校党委宣传部部长由党委委员兼任制度，实现了省属高校全覆盖。各高校党委强化责任，狠抓落实，形成了齐抓共管的工作格局。

二、充分发挥思想政治理论课主渠道作用

思想政治理论课承担着"坚持不懈传播马克思主义科学理论，抓好马克思主义理论教育，为学生一生成长奠定科学的思想基础"的重要任务，是高校思想政治工作的主渠道，具有明确的意识形态属性。思想政治理论课教学改革必须始终坚持正确的政治方向。2014 年，浙江省将高校思想政治课改革列入年度22 项重点突破改革项目之一，制定了《浙江省高校思想政治理论课改革实施方案》，推出了以改进课堂教学、推进实践育人等为重点的"双十"举措，组织编写《中国特色社会主义在浙江的实践》《浙江精神与浙江发展》《马克思主义宗教观概论》等辅助教材。各高校打破以往"一个教师、一本教材、一个班级、一讲到底"的教学模式，采取翻转课堂、上台辩论、沙龙互动等课堂形式，通过转变课堂形式，让大学生成为思想来政治课的主角。从深挖时代感强的鲜活内容开始，奔着现实问题和活思想、活理论、活生生的人和事去，帮助大学生在现实世界里辨明方向，找到真知、自信前行，打好内容求实创新的基本功；从改变灌输说教的方法做起，探索启发式、研讨式教学方法，构建"师生共同体"，让教师与学生相伴"从游"，课堂教学的吸引力和感染力大幅提高。数据显示，大学生对思想政治课的满意度逐年提升，从 2013 年的 68.77%，上升至 2016 年的 82.6%。

三、充分发挥日常思想政治教育主阵地作用

大学生思想教育工作主要是通过思想政治理论教育和日常思想政治教育这两个方面进行的，思想政治理论教育是大学生获得思想政治教育的主要渠道；而日常思想政治教育则是大学生获得思想政治教育的主要阵地，两者是相互依存、互为补充的。一是主要阵地要积极地配合主要渠道，共同做好大学生的思想政治教育工作。为此，浙江省一是抓文明寝室建设。2012 年，浙江省委主要领导提出要从抓好学生公寓文明环境做起，全面加强大学生的教育引导和管理服务工作。2012 年 9 月，以"我的寝室我的家"为主题的文明寝室创建活动在浙江省近 100 所高校启动，全省 100 万名青年学生积极响应，踊跃参加。四年间，全省高校投入公寓建设资金 10 多亿元，改造公寓 800 多幢、寝室 8.8 万多间，一大批学生寝室面貌焕然一新。四年间，全省高校累计投入 10 多亿元改善学生公寓环境；2300 多名辅导员进驻学生公寓，4.6 万多名干部教师联系学生寝室。二是抓实践育人。为了让实践育人接地气，浙江省大力打造第二课堂。实施"百校联百镇"工程，遴选 100 个乡镇（街道、社区）作为高校思想政治课教学定点实践基地，推进"双百双进"工程，百所高校结对各县（市、区），广大大学生走进基层、深入群众。据统计，截至 2016 年底，全省高校 3 万多支实践团队、40 余万名大学生奔走于之江大地，足迹遍布 1118 个乡镇（街道），服务群众 157 万人次，他们用脚步丈量青春，以行动担当当代青年之责。三是抓校园文化建设。各高校通过各种政策支持大力培育校园文化品牌，先后培育高校校、院（系）两级文化品牌超过 1000 项，形成了"一校多品、一院一品"的校园文化建设格局。实践表明，学生日常思想教育工作是深化大学生思想政治理论教育工作的关键。如果单纯依靠大学生思想理论教育工作，忽视学生在日常学习、生活中遇到的具体问题和学生个体的差异，很容易导致学生管理工作出现偏差

或出现突发事件，影响大学生思想政治教育工作的整体推进。

四、努力打造"互联网＋思想政治教育"的新高地

习近平总书记在全国高校思想政治工作会议上强调："要运用新媒体新技术使工作活起来，推动思想政治工作传统优势同信息技术高度融合，增强时代感和吸引力。"① 如何运用互联网等新媒体、新技术加强和创新高校思想政治工作，使之富有时代活力、更好地立德树人，这是高校思想政治工作面临的新课题。我们应在尊重网络思想政治教育工作普遍规律的基础上，创新工作内容、教育载体和互动机制，真正让高校思想政治工作活起来。近年来，浙江省按照"突出红色引领，打造绿色平台，抢占网络制高点"的要求，切实加强高校互联网建设与管理，努力把校园网打造成思想政治教育新高地，使"互联网＋思想政治教育"成为维护校园稳定的重要载体。目前，全省高校比较有影响的主题网站达 800 多个，其中，思想政治教育专题网站近 100 个。浙江大学"求是潮"网站每天的点击量达 3 万人次，被教育部"中国大学生在线"评为"十大学生门户网站"之一；杭州电子科技大学创办了全国第一家思想政治教育门户网站——"中国红色网站联盟"，至今加盟的全国网站已达 774 家。学生在哪里，思想政治工作就做到哪里，浙江省同步推进网络阵地建设，构建起以班主任、辅导员、思想政治课教师、专业教师为主导，通过微博、微信，构建融生活化服务、教育管理和思想政治工作于一体的网络工作交流平台。如浙江工商大学经官方认证并运营良好的微信微博平台有 48 个，还有各类学生社团组织建立的

---

① 习近平：《在全国高校思想政治工作会议上的讲话》，载《人民日报》2016 年 12 月 9 日第 1 版。

新媒体平台190多个。"商大微理论"专题网站和微信公众号成为学校开展思想政治教育的重要平台。这里既可以进行理论学习，也可进行时政竞赛、师生互动，通过思想政治漫画、图解评论以及有声读物等形式，针对大学生关心和困惑的思想理论问题，讲清楚、说明白。网络思想政治工作只要找准与大学生思想的共鸣点、利益的交汇点，在落细、落小、落实上下功夫，就能有效引导大学生将社会主义核心价值观内化为价值自觉、外化为行动自觉。

（作者：刘福州；此文发表于《教师》2017 年第 35 期）

互联网＋专题教学：高校思想政治理论课教学范式的结构性变革

习近平总书记在全国高校思想政治工作会议上强调："要运用新媒体新技术使工作活起来，推动思想政治工作传统优势同信息技术高度融合，增强时代感和吸引力。"①2019年政府工作报告首次提出"互联网＋教育"的概念，由此引发教育领域深刻的变革。同一年，教育部组织高校思想政治理论课（以下简称思政课）教学指导委员会专家编写了各门课程的专题教学指南，高校开始了思政课专题化教学模式的改革。互联网与教学的深度融合，催生出新的教学形态，使旧有的教学范式发生结构性变化。如何在互联网时代做好思政课专题教学，增强思政课的思想性、理论性和针对性，是需要解决的重要课题。

一、思政课教学范式变革的发展趋向

"范式"一词出自希腊语，有"共同显示"之意，后引申为"模式、范例、

---

① 习近平：《在全国高校思想政治工作会议上的讲话》，载《人民日报》2016年12月9日第1版。

展示"。在美国科学史学家库恩写的《科学革命的结构》出版之后,范式理论从哲学层面开始向具体学科层面推进。美国教育学家盖奇将范式引入教育教学领域,并在 1963 年出版的《教学研究手册》中将教学范式概括为"研究共同的理论基础、研究方法、统一语言和评价标准所构成的综合体"。国内外学者大多以教学本体论、认识论和方法论为基础对教学范式展开研究。本体论主要回答教学本质与形式问题;认识论主要探寻教学关系问题;方法论主要解决教学实效问题。库恩认为,任何一门学科只有具有共同的范式才能成为科学,而共同的范式却不是永恒不变的,当旧有的范式无法解释新的现象时,就要遵循旧范式—常规科学—危机—科学革命—新范式的变革机制,用新的范式来解答。

新中国成立以来,高校思政课围绕课程改革,经历了初建与曲折发展、恢复重建、发展完善三个阶段,从"52 方案"到"05 方案"至少做出了六次主要调整。这一演进过程,在教学理念上,实现了从"政治自觉"向"经济自觉"到"人本自觉"的嬗变,发展出了"从物本向人本"的现代化转换;在教学目标上,从强调"思想改造""肃清反动思想",到"建立革命的人生观",再到"树立正确的世界观、人生观和价值观",逐渐兼顾社会价值与个体价值、工具价值和目的价值;在教学方法上,从新中国成立初的课堂讲授到改革开放后的理实一体,由单向的注入式向双向的启发式转变,从传统的教学手段向现代化的教学手段转变。思政课以马克思主义中国化理论演变为主线,随时代的发展不断变革,回应了社会发展之需,在加强中改进、在改进中加强。

随着互联网智能时代的到来,"互联网 +"思维渗透到社会各领域,其中互联网与教育的深度融合引发了教育变革。建构主义、人本主义、认知主义是互联网时代教学变革的主要理论基础。建构主义认为教学应当以学习者获取知识为重点进行构建,营造基于学生的教学环境,编排基于实用性的教学内容,鼓励学生自主学习,重视教师在教学过程中的引导,重视学生的创新能力培养,重视学生的思维和理解能力培养。秉承建构主义教学观，互联网时代的教学发展出新的教育生态，再造出新的课堂结构，催生出不同的课程体系，生成新的教学关系。

专题教学是新时代背景下高校思政课改革的新要求。早在"05 方案"中就提出："要精心设计和组织教学活动，认真探索专题讲授、案例教学等多种教学方法。"2019 年 6 月，教育部高校思政课教学指导委员会组织专家编写了各门课程的专题教学指南，各高校开始全面落实专题教学。2019 年 8 月，中共中央办公厅、国务院办公厅印发《关于深化新时代学校思想政治理论课改革创新的若干意见》，再次强调分课程组织编写高校思政课专题教学指南。这些方案和要求为高校进行思政课专题教学提供了基本遵循和指向。思政课教学将教材体系向专题讲授的转化，能够解决教学内容交叉重复的问题，破解内容多、课时少的难题，增强知识体系的思想性、理论性、现实性和针对性，满足学生的需求和期待。

在互联网与思政课专题教学的双向一体化发展中，教学的时空界域、方法手段、关系模式等都会发生变化，这些变化无疑推进了思政课教学范式的结构性变革。

二、思政课教学范式变革的逻辑进路

"互联网＋教学"最典型的特点是互联网思维对传统教学思维的冲击。在不断变革的背景中，思政课教学要以全新的方式解决这样一些问题：建构良好的学习环境，推进线上线下教学的有机结合；创新教学方法，助推教学方式由单向灌输向互联网交互式转变；密切师生关系，形成立体化的教学交流体系。

1. 教学内容——从问题到专题

马克思曾指出："问题就是时代的口号，是它表现自己精神状态的最实际的呼声。"因此，具备问题意识，坚持问题导向，有的放矢地给学生解疑释惑，是思政课专题教学必须遵循的原则。问题是思政课专题设置的中心，一个好的问题能够激活学生，激发出他们探究的原动力，再通过教师的分析与研读，学生能够在深入思考中得出正确的结论。思政课专题教学中的问题要找得准、分析得透，学生才能掌握。那么，问题从何而来？首先，教师要对教材有全面而深入的分析，吃透教材，跳出教材框架，找到教材与专题之间的关联，提炼出问题；教材中的重点难点问题也可以成为教学专题的主要内容。其次，专题要聚焦于社会热点问题和学生思想上困惑的问题，一方面教师对社会热点事件要有敏锐的洞察力，能够从个别问题上升到一般规律，能够通过理论剖析讲清楚背后的道理，教会学生用辩证唯物主义和历史唯物主义的世界观和方法论来理解问题和分析问题；另一方面教师要引导学生提出问题，这样不仅有利于学生深刻领会教材内容，也有利于教师了解学生的关注点和兴趣点，有针对性地进行教学。学生的问题越尖锐，就越需要彻底的理论来解释，将专题与学生的问题连接起来，就增强了专题教学的针对性和实效性。以问题为导向的思政课专题内容具有鲜明的指向性，这个问题一定是"真"问题、"新"问题和"大"问题，专题是为解决某个问题服务的。依据问题来设计专题是思政课教学开展的关键，但是专题不是独立存在的，而是根据教材理论知识之间的系统性、逻辑性，通过层层细化、深化和严密的结构来组织。因此，专题需要具三点于一身：有焦点，根据思政课教学大纲的要求，抓住某一问题展开教学，而不是面面俱到；有观点，用马克思主义立场观点分析和解释问题，对错误观点和言论批驳有理有力，能够打开学生思想的僵局；有亮点，专题具有学理性、前沿性和探究性，能够吸引学生、打动学生、引领学生，能够提升学生的马克思主义理论素养。

2.教学过程——从预设到生成

预设是有效开展教学的必要前提，能够保证教学活动有条不紊地进行。一个好的预设具备以下要素：目标明确、内容合理、方法科学、组织有力。在传统思政课课堂中，教师过于强调课程的预设而忽视教学过程的生成，关注的是教学任务是否完成，教学内容是否讲完，教师虽然心中有学生，但在教学过程中却没有体现出学生的地位，在主动输送理论知识中忽视了学生的认同与接受。整个教学过程是"确定的"，教学方式是封闭的，教师对课堂统得过死，导致课堂气氛沉闷。生成是一种哲学的思维方式。马克思曾指出："世界从本质上是某种从混沌中产生的东西，是某种东西发展起来的东西、某种逐渐生成的东西。"在"互联网＋专题教学"的课堂上，思政课教师既要遵守教学的预设，也要关照内容的生成。思政课专题教学从预设走向生成，至少包含两个方面：专题内容的生成和学生的生成。在课堂教学中，学生常常会产生"不确定的""非预期性"的问题，这种新生成的问题含有学生的思考和疑问，教师应坦然面对，给予关注，及时回应，并能结合马克思主义理论进行充分解答。这需要教师充分备课，具备良好的理论功底和较强的课堂驾驭能力，保持开放的态度，保证专题内容的生成品质。大学生处于"拔节孕穗"期，他们会有很多思考和困惑，思政课教师理应成为他们思想成长的守护者和引路人。因此在课堂教学中，教师要关注学生思想状态和发展状态，关注对学生成长有价值和有意义的问题，相信他们是在生成中存在和发展的个体，相信学生是学习的主动建构者。思政课专题教学过程是预设与生成相得益彰的统一体。精心的预设可为有效的生成保驾护航，所以专题内容的预设要有弹性，既要保证专题层层递进、环环相扣，又要确保生成的内容不信马由缰，不偏离教学主题。任由学生生成的课堂虽然表面热热闹闹，却掩盖了教学的本质，成为无厘头的"水课"。只有兼顾预设与生成，才能实现思政课教学的高阶性、创新性和挑战度。

3. 教学空间——从现实到虚拟

教学空间是教学活动得以进行的重要场域。在互联网时代，信息技术的迅猛发展使教学空间突破围墙的限制，扩大到包括物理空间和虚拟空间在内的更广阔的范围，逐渐形成新的教学场所，教学空间发生了范式上的变革。随着思政课小班化的推行，在智慧教室上课将成为一种选择。智慧教室集物联网、智能推送、云服务等技术于一体，能够更好呈现思政课的知识性、直观性内容，增强思政课的真实感、现场感和体验感。互联网使思政课教学空间发生迭代效应，打破传统教学的空间有限性、过程同质性藩篱，在网络上建立起新的教学空间——虚拟教室和信息库。在虚拟教室，学生可以利用丰富的信息资源进行自主学习，教师可把教学资料上传网络供学生阅读，并通过微信群等与学生进行交流、反馈，在后台对学生的学习过程、学习结果进行监测和监控，利用学习分析技术对学习成效进行精准化评价。思政课教师利用虚拟空间进行教学时，需要注意两点：发挥自身理论优势甄选优秀的网络资源推荐给学生，让网络资源成为学生坚定马克思主义信仰的知识宝库；关注学生的思想动态，加强对学生的价值引领，防止学生在互联网大潮中迷失方向、剑走偏锋。思政课教学除了理论知识的学习外，还要通过丰富多彩的社会实践活动完成从书本知识到内化再到外化的过程。互联网时代催生出一种新的社会实践空间——虚拟仿真实践空间，即通过虚拟功能创设出虚拟空间情境，提供一个可视、可感、可触的 3D 场景。学生在这个空间可以穿越历史，可以对接现在，可以链接未来，完成受场域、时间、经费等限制而难以完成的社会实践活动，提高学生对思政课的参与兴趣与获得感。当互联网成为教学背景和价值体验系统后，思政课教学空间就不再是简单的叠加，而是线上与线下、课内与课外、虚拟与现实的交融。

4. 师生关系——从独白到对话

师生关系是教学过程中最基本的人际关系，体现出不可规约的情境和氛围，影响学生思想道德的发展和教学效果。当思政课教师主导教学活动和教学进程，凸显理论知识教育的现行意义，师生关系就是一种"我讲你听""我教你学"的单向知识传授关系，教师的独白阻碍了不同声音之间的碰撞与回应，学生怠于提问，懒于思考，教师陷入"有教无应"的失语窘地。这种独白的关系是一种封闭对立、情感荒芜、人性失落的关系，它"无视人的价值内涵和精神品性，漠视了发展中的个体作为潜在的或显在的道德活动的主体所应有的人格尊严"①。在互联网时代，教师的权威不再是建立在学生无知少知的基础上，文化反哺不容置疑地存在着并影响着师生关系，教师展示给学生的不再是刻板的"统一世界"，而是和学生一道发现矛盾点，引导他们在丰富的"生活世界"中发现和体悟思政课的魅力，双方主体的理性张扬和价值共生成为思政课教学中师生关系从独白走向对话的直接诉求。巴赫金认为，孤立的思想会走向死亡，一定是在不同声音、不同意识互相交往的连结点上，思想才得以产生并开始生活。思政课是传递思想、影响思想、交流思想和内化思想的课程，只有以对话为介质，师生之间才能以一种思想激活另一种思想，以一种观点反思另一种观点，使课堂焕发出生命力。师生对话的形成要以平等、理解、尊重、信任为基础。平等是对话的前提，需要教师放下权威，不以知识者自居，不以唯一标准束缚学生的思想，在"我—你"之间开放自在、彼此信任中相互对话。理解是师生双方营造共通的"精神场"，共通体悟马克思主义中国化演变的力量，实现师生双方精神层面的交流沟通，推动学生对马克思主义的追寻与信仰，培养学生担当起实现中华民族伟大复兴的重任。从独白到对话，体现出思政课"自我"与"他

---

① 肖川：《成为有智慧的教师》，长沙：岳麓书社 2012 年版，第 124 页。

者"的融合，工具理性与价值理性的协同，从主体性到主体间性的跨越，是思政课教学关系改变的新的着眼点。

三、思政课教学范式变革的关系处理

办好思政课，就是要解决好"培养什么人、为谁培养人、怎样培养人"的根本性问题。"互联网＋专题教学"改革是一项系统工程，为深入推进思政课专题教学能够入耳、入脑、入心，需要处理好以下几个关系。

1. 守正与创新的关系

思政课是落实立德树人根本任务的关键课程，思政课的作用不可替代。思政课教学范式的结构性变革，要以守正为根本旨归，不能改变课程的思想性、政治性和理论性。思政课的守正就是要强基固本、涵德化人。要坚持三个导向：目标导向——培养担当民族大任的时代新人和社会主义事业的合格建设者与可靠接班人；价值导向——承载起中国特色社会主义铸魂育人的光荣使命；问题导向——抓住主要矛盾，提高思政课的教学实效性。围绕三个导向，思政课的专题教学坚持三个不变：坚持马克思主义思想指导不变；坚持社会主义办学方向不变；坚持党的领导不变。守正不渝，创新不止。创新是思政课前行的动力，"新时代不断推动创新既是思政课应新境遇而进、应新使命而行、应新挑战而化的客观要求，也是思政课富有生机、能有成效、进步发展的必然需要"[①]。思政课的创新在于运用新思维，探索新方法，解决新问题，即从传统思维转向互联网思维，解决因势而新的问题；从教材体系转向教学体系，解决因时而进、

---

① 沈壮海，董祥宾：《论新时代思想政治理论课的改革创新》，载《思想理论教育》2019 年第 5 期。

因事而化的问题；从课堂讲授转向新媒体技术的运用，解决因形而活的问题。守正在于保证思政课方向正确，不偏航，创新在于保证思政课充满动力，生动活泼。

2. 深度与广度的关系

思政课的专题教学要站在理论的高度，分析问题背后的一般规律，因此专题讲授必须有深度，以理论的魅力征服学生。马克思主义的理论魅力在于它具有永恒的思想价值，这需要教师在专题教学中真讲马克思主义，讲的是"真的马克思主义"，能"以透彻的学理分析回应学生，以彻底的思想理论说服学生，以真理的力量感召学生，以科学的理论培养学生"[①]；需要教师将思政课所蕴含的理论力量植入到学生的行动中，实现从理论的潜在之用走向现实之用。为此，思政课教师需要夯实理论功底，凸显理论底色，提升教学的学术品位，以学术逻辑审查专题内容，以学术思维解疑释惑，以学术热忱提升教学品质，以"有理"助学生"明理、化理"。当然，专题教学不能固守几个知识点，而是在广度上兼顾教材的整体性，抓住主线，对教材的内容进行重新组合，要符合思政课大纲的规定和统编教材的初衷。把专题教学的深度与教材内容的广度相结合，保证知识性与价值性的统一，政治性与学理性的融合，体现理论为本、内容为王、课堂为主的要求。

3. 线下与线上的关系

思政课教学效果和质量的提升，要遵循两个规律：思政课教学的自身规律和学生发展的规律。思政课是一门意识形态非常强的课，它不是简单的知识传授，而是充分利用好课堂教学这个宣传马克思主义思想的前沿阵地，给学生以价值引领。在面对面的线下课堂教学中，通过教师与学生的互动交流，教师能更精

[①]　白显良, 陈沉:《高校思想政治理论课教学应努力提升学术品位》, 载《思想理论教育》2019 年第 7 期。

准地掌握学生所思所想，在思维的碰撞和观点的交锋中促进学生人格的养成和思想的成熟，以理论的魅力和人格的魅力感染学生、影响学生。互联网冲破了线下课堂的场域，以微课、慕课、翻转课堂、混合式教学重构思政课教学，这虽为思政内容增添了新的资源，但在把握思政课性质和特点的前提下，需审慎地对待在线课堂。线上教学倡导自主学习、自由互动、精简视频，但是切断了师生面对面的沟通，教师和学生面对的都是镜头，教学的规范性、神圣感消失了，教学过程基本不可控，而"在线学习的随时随地性也可能破坏学习的循序渐进性，片段化的学习容易在认知的获得与信仰的形成之间形成某种障碍"①。因此，线上教学是思政课线下教学的有益补充，要牢牢抓住线下课堂教学这个主阵地，这才是思政课教学效果得以实现的根本方式和重要保证。

（作者：许志红；此文发表于《高教学刊》2022年第7期）

---

① 徐蓉：《慕课与思想政治理论课教学生态的优化》，载《思想理论教育》2014年第5期。

增强新时代思政课"三性一力"

新时代，如何推进思想政治理论课改革创新，不断增强思政课的思想性、理论性、亲和力、针对性？

一、思政课增强思想性，就是要高扬思想引领的旗帜

党的十八大以来，习近平总书记反复强调，要把立德树人的成效作为检验学校一切工作的根本标准。[①] 新时代高校思政课肩负着以习近平新时代中国特色社会主义思想铸魂育人的重任，是帮助和引领青年学生树立正确世界观、人生观、价值观的主渠道。在中国特色社会主义大学，办好思政课就是要牢牢拧紧青年学生的思想总开关，用习近平新时代中国特色社会主义思想启发人生、启迪智慧、启示未来，引导青年学生感悟历史、感恩当下、感怀祖国，将立志报国与励志成才相统一，实现思政课思想引领和知识传承相统一。

---

① 习近平：《在北京大学师生座谈会上的讲话》，载《人民日报》2018 年 5 月 3 日第 2 版。

二、思政课增强理论性，就是要强化理论武装的定力

马克思主义理论是青年学生认识客观世界、改造主观世界的强大武器，要牢牢拎住理论武装不放松，坚持理论性和现实性有机统一、理论研究和讲授阐释有机统一。既要强化马克思主义学科建设、跨学科融合、多学科整合对思政课的学科支撑、理论供给、学术支持，提升习近平新时代中国特色社会主义思想研究的新高度、新境界、新水平，又要把抽象的理论逻辑转化为形象的思政教学语言，回答好深层次的重大理论问题，增强课堂的说服力、感染力、穿透力，增强学生理论运用的能力，实现习近平总书记所指出的"以透彻的学理分析回应学生，以彻底的思想理论说服学生，用真理的强大力量引导学生"①，切实将习近平新时代中国特色社会主义思想转化为学生感同身受的思想认知和内在的精神追求。

三、思政课注重亲和力，就是要营造乐学善学的氛围

办好新时代思政课，必须遵循思想政治工作规律，遵循教书育人规律，遵循学生成长规律，营造乐学善学的氛围。要加强课堂教学语言表达的通俗化、学生化、时代化，让马克思讲中国话、让理论家讲家常话，充分运用信息化革命带来的新技术成果，把互联网技术作为新时代思政课的创新手段，让广大青年学生在思政课上乐于听讲、易于吸收、善于内化。要充分掌握"互联网＋"时代的教育新方法，通过虚拟仿真教学、互联网教学等智慧教学手段，多渠道打

---

① 习近平：《用新时代中国特色社会主义思想铸魂育人 贯彻党的教育方针落实立德树人根本任务》，载《人民日报》2019 年 3 月 19 日第 1 版。

造信息技术思政"金课"，实现学习方式多样化和学习资源数字化，提高学生对思政课学习的兴趣点、求知欲、内驱力，真正达到"润物细无声"的效果。

四、思政课注重针对性，就是要坚定解决问题的导向

学生要信仰什么、批判什么？新时代思政课具有鲜明的针对性和问题导向。要充分掌握青年人成长规律，对学生的思想问题主动解疑释惑。思政课与世情、国情、社情联系紧密，要通过联系当下社会热点，有针对性地对学生提出思辨性题目，启发学生对理论问题、历史问题和社会问题进行深入思考，培养学生的静思与熟虑，进一步提高用马克思主义观点、立场和方法认识问题、分析问题、解决问题的能力，始终保持家国情怀，在中国特色社会主义伟大实践中紧跟时代、参与实践，汲取养分、丰富思想，切实推动习近平新时代中国特色社会主义思想入眼、入耳、入脑、入心。

（作者：方宁；此文发表于《浙江日报》2019 年 12 月 18 日第 9 版）

Part Two

第二章

改革创新 齐心共育

浙江传媒学院牢记为党育人、为国育才初心使命，深入贯彻落实全国高校思想政治工作会议精神，强化大思政育人顶层设计，推进制度集成式创新，通过制定出台《关于建立党风政风教风学风校风"五风"齐抓的若干意见》《"三全育人"综合改革实施意见》《关于深化思想政治理论课改革创新的若干意见》《关于进一步推进"课程思政"建设的实施方案》等系列制度，构建起了新时代学校思想政治工作的"四梁八柱"，形成了党委统一领导、党政齐抓共管、部门协调落实、院系主动作为、全体师生员工共同参与的全员全过程全方位育人格局。

建立党风政风教风学风校风"五风"齐抓制度

浙江传媒学院落实"全面从严治党"要求、贯彻党的路线方针政策、坚持立德树人根本任务、培养中国特色社会主义事业合格建设者和可靠接班人,制定出台了《建立党风政风教风学风校风"五风"齐抓的若干意见》(以下简称《意见》),坚持党风、政风、教风、学风、校风"五风"齐抓,努力形成风清气正、干净干事、善作善成的好局面。

《意见》提出,党风是统领,决定着办学的方向,规范着政风、教风、学风、校风建设的内涵。政风是保证,是学校行政、机关、教务、后勤等部门及其工作人员在服务过程中形成的比较稳定的整体精神风貌和行为取向。教风是关键,是学校教师教育教学工作的特点和作风,是教师精神风貌、行为风尚、职业道德、专业水平、教学方法和教学技能的综合体现,对教师个人和集体的教育教学效果,对校风、学风的建设起着直接作用。学风是中心,是学生的学习目的、学习态度、学习方法、学习精神等内在品格在学习上的外在表现和反映,也是学校办学理念、教育教学质量和管理水平的综合体现。校风是党风、政风、教风、学风的集中反映,是学校发展过程中历史积淀而成的具有自身特色的精神状态和思想作风,是学校办学思想、培养目标、教育教学效果和管理水平等各要素的综合表现,对于凝聚全校师生员工拼搏奋斗,对于学生健康成长成才起着极为重要的熏陶作用。

《意见》提出，在教风建设方面主要做好以下几个方面的工作。一是提高课堂教学质量。教师是课堂教学工作的第一责任人。"学高为师、身正为范"，教师应力争成为"四有"好老师，努力做学生"四个"引路人。教师应坚持正确政治方向，落实意识形态责任制，强化课堂教学管理，建立教学质量责任体系。二是加强教师学术道德规范建设。强化学术规范和学术道德宣传教育，着力营造良好的学术氛围。三是强化师德考核，实行师德表现一票否决制。将师德考核列入教师年度考核的重要内容，师德建设作为重要考核指标纳入文明单位考核。将师德作为教师专业技术职称晋升、岗位聘任、岗级晋升、外派进修、项目申报等的首要依据。四是创新教师职称评聘机制。按照学校定位和发展需要，实行分类晋升，设立教学科研型、教学创作型、教学型、社会服务与推广型等四类职称，为各类教师提供晋级机会，人尽其才。

《意见》提出，在学风建设方面应紧盯以下几个重点。一是以学生为本，切实加强学风建设。牢固树立以教师为主导、学生为主体、教育为基础、就业为导向、创新为动力、质量为生命线的学风建设思路，使全体教师治学态度更加严谨，育人意识进一步增强，使全体学生学习目的更加端正，学习动力进一步增强，学风状况良好。二是注重协同，加强学生课堂思想政治教育。充分发挥马克思主义学院主渠道作用，落实《浙江省高校思想政治理论课改革实施方案》，巩固马克思主义在学校意识形态领域的指导地位。强化专业课程育人导向，深入挖掘各门专业课程蕴含的德育元素，推动"思政课程"向"课程思政"转变，引导学生爱党爱国爱社会主义，践行社会主义核心价值观。三是树立"慎初、重初"意识，实施新生成才设计工程。认真总结迎新始业教育经验，进一步完善新生始业教育方法，不断凝聚学业规划、专业发展规划和人生规划的精华，通过同学与家长、同学与老师的互动，帮助新生找准自己的定位，设计自我成才路径，早立志，早准备，激发学生主体内在学习成才动力。四是标本兼治，实施大学生文明修身工程。开展读书修身活动，促进大学生内在文明素养的提高。同时，通过健全辅导员、班主任驻班听课制度，学生干部文明督察，学生德育纪实考评，班级听课记录，文明寝室建设等方式，强化学生日常管理，整治学生上课迟到、早退、旷课和学生宿舍脏乱差等问题，提升学生外在行为文明规范。五是推行导师制，实施大学生"育鹰工程"。为学生选配导师，加大经费投入，加强对学生考研、科研、学科竞赛、艺术创作等指导，积极鼓励学生开展学术研究、科技发明、学科竞赛、作品创作，积极鼓励学生报考国内外研究生，开阔学生视野，切实增强学生的实践与创新能力。六是行万里路，积极开展学生暑期社会实践活动。学生利用专业特长，深入改革开放和经济社会发展一线，服务浙江省中心工作，开展文化、科技、艺术服务、志愿支教等多元化社会实践，让他们到一线了解民情，感受发展，增长才干，增长见识，奉献社会，提升传媒素养，增强社会责任感，传递青春正能量。七是注重实践创业教育，培养学生创业创新能力。充分发挥创业学院作用，积极开展创业教育。开展好短学期教学实践，整合优化教学资源，促进学生对接行业，深入一线磨炼。建好各类教学实践基地，让学生充分得到实践锻炼，切实增强学生实践创新能力。八是表彰先进，健全奖学金和助学金评选机制。加强学生综合素质测评，公开公平公正开展奖学金和助学金评定工作，弘扬典型，鞭策后进，营造比、学、赶、帮、超的良好学习氛围。

《意见》提出，在校风建设方面应在四个维度发力。一是大力弘扬校训精神。"敬业、博学、求真、创新"校训是浙江传媒学院历代师生员工创业奋斗凝聚而成的共识，是学校的灵魂，体现学校的办学目标、办学宗旨、办学特色，是广大师生员工的精神家园。校训精神与思想政治教育、教学、科研、创作、管理、后勤服务等工作紧密结合，渗透其中成为每个浙传人的内在品质和外在行为规范，成为浙传人创业发展的强大精神动力。二是着力打造传媒特色的校园文化。

充分发挥马克思主义学院主渠道作用，认真办好"学习讲习所"，大力宣传研究习近平总书记的新闻观、文艺观、教育观、人才观，不断提高师生的政治理论素养。邀请业界名师名家，开设高端传媒讲座，激励学子奋发成才。组织文艺汇演，发挥传媒文艺特长。活跃学生社团，培植校园文化骨干力量。加强传媒硬件保障，营造环境育人氛围。三是着力提升学校美誉度。整合全校力量，积极鼓励师生参与全国、全省重大文化传媒活动的演出、竞赛、团体活动等，激发师生参与热情，强化师生集体荣誉感，进一步打响浙传品牌，扩大学校社会影响力。四是建立健全科学的管理机制。进一步完善教学管理制度、科研管理制度、党政管理制度、学生思想政治工作制度等，优化校院二级管理体制，在事务管理上，做到"按制度管人、按制度决策、按流程办事、按制度分配"；在人员安排上，做到"事事有人管、人人有事干、人尽其才、人事相宜"。

制定"三全育人"综合改革实施意见

　　浙江传媒学院坚持和加强党对高校的全面领导，紧紧围绕立德树人根本任务和特色高水平传媒大学建设目标，立足学校的基础和优势，以理想信念教育为核心，以社会主义核心价值观为引领，以全面提高人才培养能力为关键，破解学校思想政治工作不平衡不充分等问题，制定了《浙江传媒学院"三全育人"综合改革实施意见（2020—2022）》（以下简称《实施意见》），组织各牵头部门起草了"十大育人"工程实施方案。一体化构建内容完善、标准健全、运行科学、保障有力、成效显著的思想政治工作体系，使思想政治工作体系贯通学科体系、教学体系、教材体系、管理体系，打通了"三全育人"最后一公里，形成了全员全过程全方位育人格局。

　　《实施意见》共分为五大部分，包括指导思想、总体目标、重点举措、进度安排和组织保障。《实施意见》坚持以习近平新时代中国特色社会主义思想为指导，紧紧围绕立德树人根本任务，充分发挥中国特色社会主义教育的育人优势，以理想信念教育为核心，以社会主义核心价值观为引领，以全面提高人才培养能力为关键，切实提高工作亲和力和针对性，使思想政治工作体系贯通学科体系、教学体系、教材体系、管理体系，形成全员全过程全方位育人格局。《实施意见》以立德树人为根本，以"十大育人"工程为载体，聚焦浙江传媒学院第三次党代会精神，紧紧围绕建设国内一流、国际知名高水平传媒大学的目标，整合各方育人资源，强化基础、突出重点、建立规范、落实责任，强调要以新思政观引领改革、以协同联动推进改革、以机制建设贯穿改革、以育人成效检验改革，以形成具有浙传特色的"三全育人"模式为总体目标，体现了"三全育人"的精神内涵和任务要求。

　　《实施意见》从十个方面规划了浙江传媒学院"三全育人"综合改革工作的32项重点举措，对标对表教育部和浙江省教育厅提出的改革任务清单，进行了系统的设计，是推进"三全育人"综合改革的"施工图"和发力点，具体包括：坚持思想铸魂，深入实施课程育人工程（深化思政理论课改革创新、全面推进课程思政建设、开设特色通识课程）；坚持价值引领，深入实施文化育人工程（培育和践行社会主义核心价值观、推进中华优秀传统文化教育、创作优秀文艺作品育人化人、开展文明校园创建活动）；坚持"互联网＋思政"，深入实施网络育人工程（完善网络育人矩阵构筑、强化网络育人阵地管理、推进网络育人硬件建设）；坚持知行合一，深入实施实践育人工程（构建实践育人机制、深化实践教学改革、促进产教融合发展）；坚持医教结合，深入实施心理育人工程（推进心理健康教育工作标准化建设、强化心理健康教育师资队伍建设、建立心理健康教育联动协作机制）；坚持科教融合，深入实施科创育人工程（深化学术诚信机制建设、完善科研评价体系改革、推进科教协同育人体系构建）；坚持以人为本，深入实施管理育人工程（推进学校治理体系和治理能力现代化、加强教师思想政治工作、强化校园意识形态阵地管理）；坚持问题导向，深入实施服务育人工程（强化服务育人功能、帮助解决学生实际问题、深化学生创新创业教育）；坚持精准帮扶，深入实施资助育人工程（实施精准资助计划、完善资助工作体系、创新育人资助形式）；坚持党的领导，深入实施组织育人工程（发挥学校党委领导核心作用、发挥二级党组织政治核心作用、发挥基层党支部战斗堡垒作用、发挥群团组织育人纽带作用）。

为切实加强浙江传媒学院"三全育人"综合改革工作实效，《实施意见》从加强组织领导方面做出了保障安排，成立了浙江传媒学院"三全育人"综合改革工作领导小组，建立健全了由党委统一领导、领导小组具体负责、部门学院协同联动、全员共同参与的工作体系。定期研究"三全育人"综合改革工作，切实加强思想政治工作的统筹、决策、评估和督导。把"三全育人"综合改革工作作为各级党组织、各部门、各二级学院（部）和领导干部目标管理考核和年度考核的重要内容，纳入党的纪律监督范围，切实推动各项目标任务落实到位。

为确保浙江传媒学院"三全育人"综合改革工作落地见效，《实施意见》加大对"三全育人"人才保障力度，强化经费保障，按照政策与经费并重的多元化支持原则，加大学校各项育人项目的经费投入，统筹安排资金，为"三全育人"工作开展提供有力保障。同时，要求各单位要认真落实好相关任务，牵头单位对分工任务负总责，根据《实施意见》制定牵头工程的具体实施方案，并明确任务责任书、实施路线图、完成时间表和主要责任人，参与单位要根据各自的职责分工主动协同推进，全校各单位各学院积极配合，合力推动"三全育人"工作整体实施。定期召开全校协调推进会议，开展"三全育人"专题研究，及时总结开展情况、阶段成果及存在问题，推动各项工作落细落实。在改革推进过程中，相关单位注重总结凝练"三全育人"综合改革工作过程中的特色亮点和经验成果，及时进行宣传报道，有计划有步骤地把点上的典型经验推广到面上去，扩大成果覆盖面，形成辐射带动效应，形成具有浙传特色的"三全育人"综合改革研究成果、改革经验和典型做法。

完善思想政治理论课改革创新制度体系

浙江传媒学院坚持党对思想政治理论课的全面领导，把加强和改进思政课建设摆在突出位置。为深入贯彻落实习近平新时代中国特色社会主义思想，贯彻落实习近平总书记在学校思想政治理论课教师座谈会上的重要讲话精神，坚持不懈用习近平新时代中国特色社会主义思想铸魂育人，制定出台了《关于深化思想政治理论课改革创新的若干意见》（以下简称《若干意见》）。

《若干意见》提出，建立校党委书记、校长带头抓思政课机制。校党委书记、校长作为思政课建设第一责任人，结合自身学科背景和工作经历，带头走进课堂听课讲课，带头推动思政课建设，带头联系思政课教师。学校党委会每学期至少召开一次会议专题研究思政课建设，党委书记、校长每学期至少给学生讲授四个课时思政课，学校领导班子其他成员每学期至少给学生讲授两个课时思政课，二级学院党政领导每学期至少讲授一个课时，重点讲授"形势与政策"课。

同时，浙江传媒学院还制定了配套的校领导联系思政理论课教师制度，原则上每位校领导每学年联系一位思政课教师，经常开展谈心谈话，主动加强对联系教师的关心关爱，全面掌握思政课教师的教学科研等工作状况和思想动态，不断帮助联系教师提高思想政治理论课教学水平。

　　《若干意见》提出，强化"马院姓马、在马言马"的鲜明导向，把思政课教学作为高校马克思主义学院基本职责，将马克思主义学院作为重点学院、马克思主义理论学科作为重点学科、思政课作为重点课程加强建设，在发展规划、人才引进、公共资源使用等方面给予马克思主义学院优先保障。设立思想政治理论课教师学术交流、实践研修专项费用。

　　《若干意见》提出，建设一支政治强、情怀深、思维新、视野广、自律严、人格正的思政课教师队伍。浙江传媒学院严格按照师生比不低于1：350的比例核定专职思政课教师岗位。切实改革思政课教师评价机制。严把政治关、师德关、业务关，明确与思政课教师教学科研特点相匹配的评价标准，进一步提高评价中教学和教学研究占比。学校在专业技术职务（职称）评聘工作中，单独设立马克思主义理论类别，校级专业技术职务（职称）评聘委员会要有同比例的马克思主义理论学科专家。按教师比例核定思政课教师专业技术职务（职称）各类岗位占比，高级专业技术职务（职称）岗位比例不低于学校平均水平。同时，把思政课教师纳入各类高层次人才项目，在"三鹰工程"等人才项目中加大倾斜支持力度。

　　《若干意见》提出，不断增强思想政治理论课的思想性、理论性、亲和力、针对性。鼓励思想政治理论课教师结合教学实际、针对学生思想和认知特点，积极探索行之有效的教学方法，自觉强化对党的理论创新成果的学理阐释，努力实现思想政治理论课教学"配方"先进、"工艺"精湛、"包装"时尚。创新集体备课形式，通过多种方式有针对性地增强集体备课效果。推动思想政治理论课教师在有条件的情况下兼职担任辅导员、班主任，充分了解学生思想政治状况，提高备课针对性。改进完善考核方式，采取多种方式综合考核学生对所学内容的理解和实际运用，注重考查学生运用马克思主义立场观点方法分析、

解决问题的能力，力求全面、客观反映学生的马克思主义理论素养和思想道德品质。

《若干意见》还对完善思想政治理论课课程体系、严格落实思政课学分、合理安排教务等提出了明确要求。

健全课程思政建设制度体系

　　全面推进"课程思政"建设是进一步做好当代大学生思想政治教育的关键抓手，也是培养造就大批堪当时代重任的接班人的重要环节。浙江传媒学院深入落实《高等学校课程思政建设指导纲要》要求，聚焦立德树人根本任务，把思想政治教育贯穿人才培养体系，始终把"课程思政"建设作为全面落实立德树人根本任务的重要战略举措，制定了《浙江传媒学院关于进一步推进"课程思政"建设的实施方案》（以下简称《实施方案》），全方位推进课程思政体系化、规范化、常态化建设，全面推进学校"课程思政"建设往深里学、往实里干、往高处走。

　　《实施方案》明确了浙江传媒学院"课程思政"建设的指导思想、工作目标、基本原则、主要内容、主要任务、具体安排和实施保障等七大方面内容，并相应出台了《"课程思政"教学设计编制指南》和《"课程思政"教学设计表》。《实施方案》以习近平新时代中国特色社会主义思想为指导，坚持社会主义办学方向，紧紧围绕"培养什么人、怎样培养人、为谁培养人"这个根本问题，落实立德树人根本任务，深化教书育人内涵，将价值塑造、知识传授、能力培养三者融为一体、不可割裂。紧紧抓住教师队伍"主力军"、课程建设"主战场"、课堂教学"主渠道"，让所有教师、所有课程都承担好育人责任，守好一段渠、种好责任田，实现各类各门课程与"思政课程"同向同行，将显性教育和隐性教育相统一，形成协同效应，构建全员全程全方位育人大格局。

《实施方案》的总体目标是紧紧围绕国家和区域发展要求，结合浙江传媒学院发展定位和人才培养目标，构建全面覆盖、类型丰富、层次递进、相互支撑的"课程思政"体系，全面提高人才培养质量，实现育人和育才相统一。通过"课程思政"教育教学改革，深入挖掘拓展各门课程和教学方式中所蕴含的思想政治教育元素和所承载的思想政治教育功能，融入课堂教学各环节，促进思想政治教育与知识体系教育的有机统一，切实把思想政治教育贯穿于教育教学全过程，不断提升思想政治教育的亲和力和针对性，切实提高学校教育的现代化水平。让学生通过学习，掌握事物发展规律，通晓天下道理，丰富学识，增长见识，塑造品格，努力成为德智体美劳全面发展的社会主义建设者和接班人。《实施方案》的具体目标是强化一种"课程门门有德育，教师人人讲育人"的思想意识；培育一批充满思政元素、发挥思政功能的示范通识课和专业课；开发一批具有浙江传媒学院特色的"课程思政""金课"；培养一批具有亲和力与影响力的"课程思政"教学名师和团队；提炼一系列可推广的"课程思政"教育教学改革典型经验和特色做法；形成一套科学有效的"课程思政"教育教学质量考核评价机制。《实施方案》以校院整体推进原则、二级学院（部）主导原则、教师主体原则为基本原则。

《实施方案》主要内容有八个方面，包括：理想信念教育；社会主义核心价值观教育；宪法法治教育；红色文化、中华优秀传统文化、革命文化和社会主义先进文化教育；生态文明、红船精神和浙江精神教育；马克思主义新闻观、马克思主义文艺观教育；媒介素养教育；创新创业及职业素养教育。有六个方面的主要任务，包括：深化思政课程教学改革；开展"课程思政"教学设计；深挖专业课程育人功能；建立"课程思政"考核评价机制；建设专业教师队伍；

打造"课程思政""金课"。《实施方案》有七个方面的具体安排，包括：加强"课程思政"顶层设计；开展"课程思政"专题培训；推进"课程思政"全面建设；开展"课程思政"立项培育；实现"课程思政"案例分享；选树"课程思政"先进典型；发挥第二、第三课堂育人功能。

　　为了把牢政治方向，着力强化对"课程思政"建设工作的组织领导，浙江传媒学院成立了由分管思政工作和分管教学工作的校领导为组长，有关部门、二级学院（部）负责人为成员的"课程思政"工作领导小组，统筹推进全校"课程思政"教育教学改革工作，切实加强对"课程思政"建设的领导，建立了党委统一领导、党政齐抓共管、教务处牵头抓总、相关部门联动、院系落实推进、自身特色鲜明的"课程思政"建设工作格局。宣传部、教务处、马克思主义学院等相关职能部门和各二级学院（部）各负其责，互相协同，形成推动"课程思政"教育教学改革的协同机制和各学科体系间任课教师的交流沟通联动机制，定期开展调研和专项研讨，研究提出具体政策和措施，确保改革落到实处。各二级学院（部）由党政负责人直接负责组织落实，结合学科特点，制定本学院（部）"课程思政"建设工作方案，将"课程思政"建设落实在专业人才培养方案、课程体系、课程大纲、教学过程、师资队伍中，有机融入学院（部）整体的教育教学，形成学院（部）"课程思政"的特色亮点。同时，将"课程思政"工作纳入学校教学改革项目，通过立项的形式提供资助、加强管理，确保"课程思政"建设顺利实施。鼓励各学院设立专项经费，为"课程思政"工作有序推进提供保障，确保浙江传媒学院"课程思政"建设工作取得实效。

Part Three

第三章

学思践悟　同向同行

浙江传媒学院牢牢把握社会主义办学方向，全力推进"大思政"框架下的人才培养工作，把不断创新作为新时代传媒事业发展的不竭动力；把恪守正道、胸怀正气作为高素质传媒人才的鲜亮底色；把多媒融合作为思政元素全面融入人才培养各个环节的重要路径；把志存高远、德艺双修作为高素质传媒人才的基本要素，从思政课程、课程思政、实践实战、全媒融合、校园文化建设等多个维度，引育广大同学争做党的政策主张的传播者、时代风云的记录者、社会进步的推动者、公平正义的守望者。

精彩回放一：打造有高度的思政大课

浙江传媒学院充分调动全校力量和资源，从战略高度上强化思想政治理论课建设，以师生共学党的创新理论、共度政治生日、共议奋斗的青春等形式汇聚"大"的合力，建设"大课堂"，搭建"大平台"，延展课堂"半径"，丰富育人主体和渠道，将多方力量整合成一个大的思政育人的"同心圆"。

一、师生共学党的十九大精神

党的十九大是在全面建成小康社会决胜阶段、中国特色社会主义进入新时代的关键时期召开的一次十分重要的大会。党的十九大高举中国特色社会主义伟大旗帜，以马克思列宁主义、毛泽东思想、邓小平理论、"三个代表"重要思想、科学发展观、习近平新时代中国特色社会主义思想为指导，回顾和总结了过去五年的工作和历史性变革，深刻阐述了新时代中国共产党的历史使命，确立了习近平新时代中国特色社会主义思想的指导地位，提出了新时代坚持和发展中国特色社会主义的基本方略，确定了决胜全面建成小康社会、开启全面建设社会主义现代化国家新征程的目标，对新时代推进中国特色社会主义伟大

事业和党的建设新的伟大工程作出了全面部署。①

　　浙江传媒学院师生共学"深刻领会和全面把握习近平新时代中国特色社会主义思想""深刻领会和全面把握新时代党的建设总要求，推进高校党的建设全面加强全面过硬""扎实推进高等教育强省战略全面实施，办好人民满意的高等教育""不忘初心、牢记使命，全面贯彻党的教育方针，落实立德树人根本任务"等理论专题，共看《将改革进行到底》《法治中国》《大国外交》《巡视利剑》《辉煌中国》《强军》《不忘初心、继续前进》《大地的回响》等电视专题片，共赴嘉兴南湖等革命教育基地开展现场教学，将党的十九大精神内化于心。通过举办"微言微语绘党旗"、"我想对党说"支部感言、"翰墨献丹心"书画献礼、"喜迎十九大，共筑中国梦"文艺汇演等文艺活动营造师生共学共悟党的十九大精神的良好校园氛围。

---

① 《中共中央关于认真学习宣传贯彻党的十九大精神的决定》，载《人民日报》2017 年 11 月 3 日第 1 版。

共学产生精神上的共富。在师生共学党的十九大精神过程中，我们深刻感受到，党的十九大是我们党和国家发展进程中的又一个伟大里程碑，是具有深远历史意义的盛会。习近平总书记的报告一气呵成，气势磅礴，彰显了伟人风范、大国气度。报告具有深厚的实践基础、理论厚度、思想魅力、全球视野、文化自信。报告既体现一以贯之的传承，又有与时俱进的创新，是马克思主义中国化的最新理论成果，是引领全国人民从胜利走向辉煌的伟大纲领和行动指南，完全符合中国国情，符合人民意愿，符合时代潮流，是中国共产党人的政治宣言，是我们实现中华民族伟大复兴中国梦的力量源泉。

在实际工作中，要以习近平新时代中国特色社会主义思想为指导，武装思想，指导工作，推动实践。找准高校服务伟大斗争、伟大工程、伟大事业、伟大梦想的切入点；找准浙传突出特色，服务文化人才培养、文化事业繁荣的融合点；

找准基层党委管党治党、全面从严治党、不忘初心、牢记使命、固本强基的落脚点；找准学校意识形态主阵地，加强思政领航，推动党的十九大精神进课堂入头脑的结合点。增强"四个意识"、坚定"四个自信"、做到"两个维护"。在党中央和习近平总书记的领导下，为走进新时代、推进高水平传媒大学建设、推进教育现代化和高等教育强省建设做出新贡献。

二、师生共度政治生日

政治生日是每位共产党员入党的日子，党员过政治生日是一种政治仪式。浙江传媒学院出台了政治生日制度，通过这种庄严的仪式感，既能体现党组织

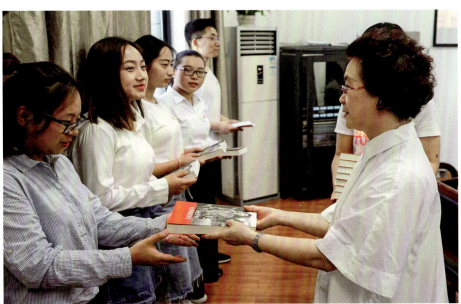

培根铸魂　德艺双修
大思政育人的理论与实践

对党员的关爱，又能强化党员的身份意识和责任意识，激发党员的荣誉感和自豪感，教育引导党员始终做到心中有党、心中有民、心中有责、心中有戒，教育引导党员不忘初心、牢记使命。

每年"七一"前夕，学校党委书记会带头来到师生党员中间，参加师生共度政治生日活动，和他们谈谈心、说说话，一起重温入党初心，畅想红色理想，叮嘱他们走再远也不要忘了来时的路。要时常想一想我们的初心是什么，我们为什么要入党，要沿着初心的方向前行。以与师生共度政治生日的方式，激励广大师生党员奋发进取、创先争优，为实现中华民族伟大复兴的中国梦不懈奋斗。

通过庄重而有仪式感的政治生日活动，广大浙传学子感受到了来自学校和师长的关爱，更重要的是通过和校领导、老师共同度过政治生日，增强了学生对党的信念，这是一种红色信仰的传承。对于校领导、老师来说，通过这样面对面沟通的形式，能够了解学生的真实想法，现场听到他们说梦想、说未来，也很受鼓舞，很感动。这项活动就像一条红纽带，用红色力量串起了校领导、老师和学生的心。

三、师生共议"奋斗的青春最美丽"

"思政星课堂"之高校书记开讲由浙江省委宣传部、浙江省教育厅指导，浙江在线新闻网站主办。2019年5月30日，学校党委书记以"奋斗的青春最美丽"为主题，上好了"思政星课堂"之高校书记开讲的第一课。整个课堂的灯光、摄影、布置、话题选择、主持，都是由浙传老师学生共同完成，充分发挥了传媒专业特长。

"奋斗本身就是一种幸福。只有奋斗的人生才称得上幸福的人生。"[①] 习近

---

① 习近平：《在2018年春节团拜会上的讲话》，载《人民日报》2018年2月15日第2版。

平总书记在 2018 年春节团拜会上的讲话，道出了奋斗之于幸福的意义，也让更多年轻人坚定了"奋斗的青春最美丽"这一人生信念。学校党委书记说："毕业前最后一堂课，我想问问大家：你觉得幸福是什么？每个人对幸福理解不同，感受力也不同，但有一点非常确定，就是习近平总书记说的'幸福都是奋斗出来的'①。"

习近平总书记作为一名曾在黄土地上劳作的奋斗青年，从梁家河一路走来，带领全党全国走向实现"两个一百年"奋斗目标的伟大征程，走向艰苦奋斗再创业、让幸福感不断增加的伟大征程。总书记的知青岁月、青春实践，就是穿越历史时空的青春共鸣，是"奋斗的青春最美丽"最好的注脚。

"毕业的时候离歌要响起，大家心中不免要有一点惆怅，那大家觉得毕业意味着什么？"在这次别样的思政课堂上，学校党委书记以毕业为切入点，从历史的角度出发，带着大家学习了历史上一些名人在"毕业季"这个年龄所身处的境遇和付出的努力，也许身处的时代不同，身处的境遇也不同，但他们在与大家相仿的年龄干着一件共同的事情，那就是奋斗。

---

① 习近平：《在 2018 年春节团拜会上的讲话》，载《人民日报》2018 年 2 月 15 日第 2 版。

例如，浙传 2017 届播音主持艺术专业毕业生李孟倩通过坚持不懈的努力成为浙江省学联执行主席并成功考取香港大学信息管理专业研究生的例子告诉大家，学习特别是终身的学习是非常重要的，毕业意味着终身学习的闸门又开启了。

浙传 2016 届音乐表演专业毕业生阿尼为实现回报家乡人民的理想，不断努力和奋斗，在校期间就组建"梦想家"公益文化服务队，每年暑假带着老师同学回家乡支教、捐书，对贫困学生进行帮扶，至今从未间断。回馈社会、回馈家乡，他的善举告诉大家，对幸福的感悟，应该要回报社会，要感恩社会，在这个过程中感受幸福。

浙传 2010 届电视编导专业毕业生武笛在新华社从分社到总社，从编辑到导演，毕业九年，记录着人类命运共同体背景下中国的大国担当。作为驻外记者，在非洲工作期间，她深入战区，不畏艰险，坚守新闻理想，被称为"女版战狼"。由她担任总导演的纪录片《我的铁路我的梦》《与非洲同行》《一带一路上的智者》在央视和多国主流媒体播出。在新闻的最前沿、祖国发展壮大的第一线都留下浙传人奋斗的足迹。

在这堂特殊的思政课上，马克思主义学院思政教师陶婷、校友代表李孟倩以及应届毕业生石衡山、冷天爱、封煜靖都分享了自己对青春的感悟。

通过邀请师生共同参与课堂讲述、互动，让学生成为思政课的主动参与者和创作者，进一步增强了思政课的针对性和有效性，这也是浙江传媒学院学习贯彻落实习近平总书记在学校思想政治教师座谈会上的重要讲话精神，创新浙传思政教育的生动表达。

精彩回放二：打造有效度的思政优课

浙江传媒学院成立马克思主义学院、学习讲习所，培育一批思政课名师优师，不断更新教学内容，联动上好"经典的课堂""红色的课堂""思想的课堂""镜头中的课堂""塑心的课堂""行走的课堂"，形成各有特色、带有传媒特质的实践成果，不断增强思政课的思想性、理论性、亲和力、针对性，让思政课堂充满活力、魅力四射。

一、推动马克思主义学院内涵式发展

马克思主义是我们立党立国的根本指导思想，浙江传媒学院高标准成立马克思主义学院、学习讲习所，以推进马克思主义理论学科建设，推动思政理论课的创新，加强教师政治理论学习，加大马克思主义理论的研究与宣传的力度。

1. 高标准成立马克思主义学院

马克思主义学院是学习研究宣传马克思主义的主阵地，是马克思主义理论学科建设的重要平台，是思想政治理论课改革创新的主要依托。为了贯彻落实全国高校思想政治会议精神，2017 年 3 月，浙江传媒学院在社会科学部的基础

上成立了马克思主义学院。

为了推动马克思主义学院内涵式发展，浙江传媒学院认真落实《普通高等学校马克思主义学院建设标准》，在马克思主义学院的学科发展、思政课教学、人才队伍、资金保障等方面给予全力支持。制定专项工作方案，成立领导小组，每年召开一次马克思主义学院工作专题会议，专门解决制约马克思主义学院发展的重要问题。把马克思主义学院作为重点学院、马克思主义理论学科作为校级重点学科、思政课作为重点课程，纳入学校发展规划。推动马克思主义学院与新闻研究院联合招收培养研究生，为马克思主义学院申硕做准备。在经费投入、资源使用等方面优先保障马克思主义学院建设，严格落实生均40元/年的专项经费，用于思政课专项建设，专款专用，不得占用和挪用。在评奖评优、课题评审等方面优先推荐马克思主义学院教师，构建了党委领导下各职能部门协同推进马克思主义学院建设的工作机制。

2. 成立学习讲习所，推进马克思主义理论研究与宣传

党的十八大以来，习近平总书记围绕改革发展稳定、内政外交国防、治党治国治军等方面，发表了一系列讲话，以巨大的理论勇气和政治智慧，提出了许多富有创见的新思想、新观点、新论断、新要求。学习、宣传习近平总书记系列重要讲话精神是哲学社会科学界的重要使命，也是浙江传媒学院的重要任务。为了推进马克思主义理论研究与宣传工作，浙江传媒学院于2017年7月成立了学习讲习所。

浙江传媒学院学习讲习所致力于多渠道融媒体传播习近平总书记的系列重要讲话精神，将学习研究全面融入马克思主义学院的学科与课程建设，拓展深化学习成果对于传媒主干学科的指导，将学习成果通过课堂和融媒体渗透到全校师生。强化学科和课程建设，形成传媒特色课程体系，将学习讲习所打造成为学习研究传播习近平总书记系列重要讲话精神和治国理政新理念、新思想、

新战略，特别是总书记有关意识形态、新闻观、文艺观、互联网观等思想研究的重要基地，成为立足浙江，突出传媒特色，把握传媒优势研究马克思主义的品牌和学术研究交流中心。让马克思主义理论普及更生动、更具体，成为思政课程和课程思政有机融通的重要载体。

二、培育一批思政课名师优师

浙江传媒学院高度重视思政课教师培养，坚持以政治强、情怀深、思维新、视野广、自律严、人格正的期许和要求建设一支思政课教师队伍。出台了《浙江传媒学院党委关于建立校领导联系思政课教师制度的通知》，建立校领导联系思政课教师制度，倾听教师的心声，帮助思政教师解决发展中遇到的问题，增强思政课教师的职业认同感、荣誉感、责任感。把思政课教师纳入各类高层

次人才项目，在"三鹰工程"等人才项目中加大倾斜支持力度。把思政课教师作为学校干部队伍重要来源，严格按照师生比不低于 1∶350 的比例核定专职思政课教师岗位，在编制内配足，且不得挪作他用。优先推荐思政课教师参加学术会议和提升活动，严把思政教师的政治关、师德关、业务关。鼓励和支持教师申报省级名师工作室。目前，马克思主义学院建有两个省级名师工作室和四个校级名师工作室。

　　经过几年的建设，思想政治理论课教师教学水平、学术能力与社会服务能力不断提升，思政名师优师不断涌现。获得浙江省第十二届高校青年教师教学竞赛特等奖的王妍红老师，从案例、视频、故事、歌曲、社会热点新闻或者个人人生经历切入，把学生们感兴趣的东西与授课内容相结合，激发他们的好奇心和学习欲望，在日积月累的备课授课经验中，摸索出更适合近现代史课程的教学方法——让历史"活"起来。

陶婷老师的思政课被浙江卫视新闻联播报道。在陶婷老师的带领下，"最多跑一次""杭州互联网法院"等改革的实践经验吸引了一大批"00后"大学生的注意力。把有意义的内容讲得有意思，在课堂中说一些学生能够理解的语言，讨论互动式教学，拉近师生的距离，思政课也会变得很好玩，很有趣。

　　何仁富老师以"生命化""性情化"开展思政课教学改革，收获学生众多掌声。"生命化"是将生命教育的理念、内容纳入教学过程中，强调学生精神的健康和谐，包括与他人、与社会、与自然的健康和谐，培养学生的生命意识，促进个人生命意识和生命素养的提升，并实现每个人的生命健康和谐成长。"性情化"是将手语歌曲学唱贯穿于不同阶段的教学中，尤其是人生观、价值观和道德观的相关专题。

　　获评全国高校思想政治理论课教学骨干的许志红老师，用政治的高度、理论的深度、课堂的温度使学生有代入感、参与感、获得感，思政课堂充满活力。思政课老师李远煦，让思政课走上了信息技术之旅，在她的课堂上，学生通过手机签到、抢答、互动讨论，布置和上传作业。通过新媒体技术加持，思政课变得更加"潮"了，也更受学生欢迎了。

三、打造动静结合的活动课堂

浙江传媒学院深入贯彻落实《新时代高校思想政治理论课教学工作基本要求》《关于深化新时代学校思想政治理论课改革创新的若干意见》的要求和精神，加强思想政治理论课教学改革与创新，提升课程的针对性和实效性，结合教育教学规律和学生成长规律，实施"一课一品"行动计划。

"马克思主义基本原理概论"打造"经典的课堂"。指导学生阅读马列主义经典著作、重要经典文献，学生成为经典的阅读者、问题的思考者、课堂的讨论者、作业的完成者。

"毛泽东思想和中国特色社会主义理论体系概论"打造"镜头中的课堂"。结合教学内容与国情、省情，指导学生用镜头记录中国特色社会主义的生动实践，

促进学生理论学习中知、情、意、行的统一。

"中国近现代史纲要"打造"红色的课堂"。利用教研室全力开发的开国大典体验虚拟仿真系统，结合教学内容组织学生到红色历史遗迹参观调研，将学生培养为知历史、爱国家、明大势的红色基因的传承者、未来的红色接班人。

"思想道德修养与法治"打造"思想的课堂"。指导学生立志、树德、守法，坚定理想信念，励志力行，通过开展读书会、专题自主学习、集体公益活动、个人行为反思、我写家史、"思修食堂"、走进法庭等活动，培养大学生学思并重、德才兼备的品质，使大学生真正成为时代的引领者。

"大学生心理健康教育"打造"塑心的课堂"。将课程建设成为集知识传授、心理体验与行为训练于一体的公共课程，注重课程思政元素的融入，让学生在心理上获得健康，生命意义得到提升，树立正确的价值观。

在实践中，推出"行走的课堂"，让思政课堂教学"行走"起来。教师结合课堂讲授知识点，指导或带领学生到红色景点、农村、企业、博物馆、科技馆、街道社区、法庭等地方，利用生动鲜活的社会现实，提高学生的理论认知能力、社会实践能力、问题解决能力。

思想政治理论课因事而化、因势而进、因势而新，通过多样化的教学方式启发学生深入思考，回答了大学生关注的热点、难点问题，使课堂更有温度，教学更具情怀，增强了大学生对思想政治理论课教学的认同感、参与感、收获感。

四、开展思政课教学效果调查

为深入了解大学生对思政课的满意度与获得感，浙江传媒学院开展了"00后"大学生思政课教学满意度与获得感调查。调查问卷内容主要涉及大学生对思政课的总体态度与学习感受、影响接受效果的最关键因素、对思政课的授课内容和形式等方面的偏好等。共有 1141 人参与调查，回收有效问卷 1141 份。

1. 教学满意度

调查问卷数据显示，大学生对思政课教学给予了较高评价，有 94.47% 的大学生对思政课的总体态度表现为喜欢，其中表示"非常喜欢"的同学占 56.09%（见图 3-1）。访谈结果进一步佐证，高校思政课的重要性和必要性已经得到大学生的普遍认可。

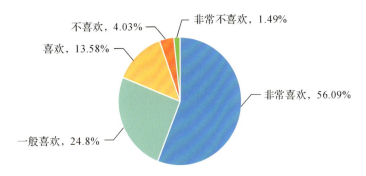

图3-1　大学生对思政课的总体满意度

在"影响你对思政课接受效果的最关键因素"这个问题上，有 42.16% 的学生认为是思政课的授课内容；23.05% 的学生认为是思政课教师的个人素质；还有 18.67% 的学生认为是思政课的授课形式（见图 3-2）。鉴于这三个选项占比最高，以下将分别从学生对思政课授课内容、授课教师的偏好、授课形式展开具体分析。

从学生对思政课授课内容的总体认识来看，有 72.92% 的同学认为内容全面丰富、实用性强，相比中学的学习内容更为宽泛，对问题的理解也更深入，侧

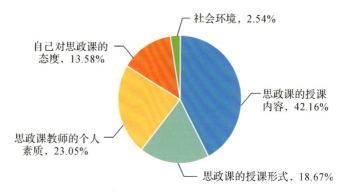

图3-2 影响你对思政课接受效果的最关键因素

重于认识水平、理解能力和解决方法的培养；3.59% 的同学认为内容陈旧滞后、脱离实际，无法将其联系到现实生活；15.86% 的同学认为内容枯燥抽象、理论性强，难以理解和消化，从而缺乏学习的兴趣（见图 3-3）。可见，大部分学生对思政课的授课内容是认可的，但还存在一些模糊和偏差的情况。

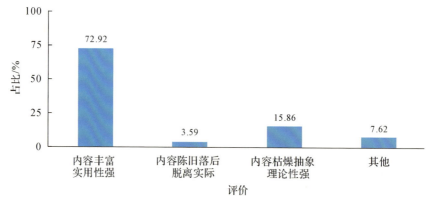

图3-3 大学生对思想政治理论课教学内容的评价

现代高等教育的发展对高校思政课教师素质方面提出了更多的要求，几乎所有的大学生在访谈中都认为思政课教师的自身素质包含多个方面。在调查问卷中，有 90.18% 的学生认为幽默风趣的语言是教师必须具备的素质之一；77.39% 的学生认为教师要了解学生的思想动态；72.48% 的学生认为教师必须具备高尚的思想品德和人格素养；65.12% 的学生认为深厚的学术造诣是教师素质的重要内容（见图 3-4）。上述数据表明，教师自身素质的发展以及对学生需要的关注是影响接受程度的重要因素。

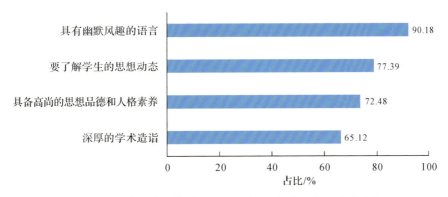

图3-4　大学生对思想政治理论课教师素质的偏好（多选）

从调查结果来看，绝大部分学生都期望能够一定程度地参与到思政课堂中。对于现有的思政课授课形式，有 24.54% 的同学支持教师一言堂的传统教学方式；24.72% 的同学认为师生互动能够增强学习的积极性；12.18% 的同学偏向于课外实践活动式教学，例如组织参观纪念馆、博物馆，深化在思政课学习到的书本知识。大学生偏好混合式教学的占比最高，达到了 38.56%，说明在实际的教学过程中，单一的教学模式满足不了学生对课程的需求，大学生希望有更多样化的教学形式，更偏好理论与实践的结合（见图 3-5）。

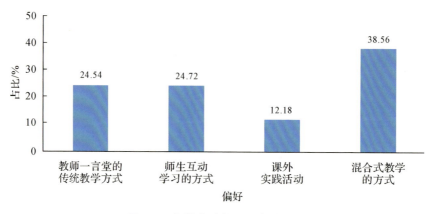

图3-5　大学生对授课形式的偏好

2. 思政课获得感

思政课获得感是指大学生通过思政课学习的实际获得及由此形成的积极情感体验，是个多维结构性概念。从大学生成长发展视角将思政课获得感划分为知识获得感、方法获得感和信仰获得感三个维度，编制了相应测量指标。知识获得感包括"党的路线、方针、政策""道德、法律、政治、经济等方面的知识""国史、国情和世界发展趋势""马克思主义相关理论知识"等指标；方法获得感包括"辩证思维""人际关系适应能力"等指标；信仰获得感包括"对实现中华民族伟大复兴的信心""中国特色社会主义共同理想信念"等指标。只有全面考察思政课获得感不同维度的基本状况，才能科学把握大学生思政课获得感的结构特点。

知识获得层面，77.83%的同学掌握了党的路线、方针、政策，80.02%的同学懂得道德、法律、政治、经济等方面的知识，77.56%的同学了解国史、国情和世界发展趋势，75.46%的同学学习到了马克思主义相关理论知识（见图3-6）。

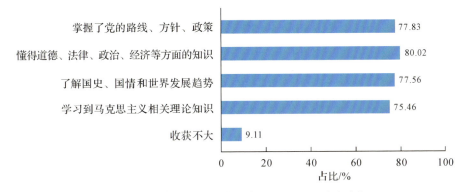

图3-6　大学生思政课获得感之知识层面（多选）

方法获得层面，82.03% 的同学拥有了辨析社会思潮的能力，78.70% 的同学具有辩证思维能力，70.46% 的同学人生态度变得更加积极，62.66% 的同学提高了人际关系适应能力（见图 3-7）。

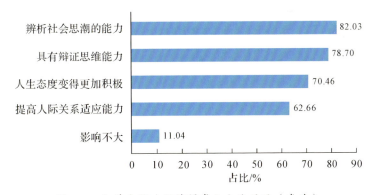

图3-7　大学生思政课获得感之方法层面（多选）

信仰获得层面，85.45% 的同学坚定了中国特色社会主义共同理想信念，79.40% 的同学坚定了"四个自信"，80.98% 的同学对实现中华民族伟大复兴充满信心，80.54% 的同学提升了自己奉献社会和服务人民的意识（见图 3-8）。

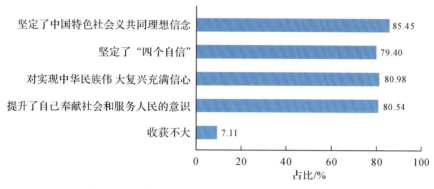

图3-8 大学生思政课获得感之信仰层面（多选）

统计结果显示，从知识获取、方法获得和信仰形成三个维度来看，大学生思政课获得感的结构呈现出不均衡的特点。根据调查问卷结果，知识获得感处于较高水平，思政课教学满足了大学生对学科性知识的期望与需求。在方法获得感方面，思政课教学培养了大学生的辩证思维。根据调查问卷结果，大学生的信仰获得感高于知识获得感和方法获得感，表明思政课信仰教育总体成效较好。

3. 进一步促进思政课教学效果"好"起来

从调研结果来看，思政课教学必须在充分挖掘和利用思想政治理论课深刻内涵的基础上，与学生的实际需要结合在一起，注重将知识与学生的切身体验相结合，以日常生活为切入点，增强课程的吸引力。教学形式要创新，运用辩论、讨论、社会实践、翻转课堂等教学方式，加强师生互动，让学生有更多的参与感，打破教师单一讲授为主的传统教学方式。教师要把新媒体技术引入课堂教学，推动传统教学形式与现代信息技术相结合。思政课教师要提升自己的素质和能力，拉近与学生的距离，真正走进他们内心，以增强教学的感召力。

精彩回放三：打造有温度的课程思政金课

　　浙江传媒学院把德才兼备、德艺双修作为育人的重要目标，贯彻"时史势"课程思政建设理念，有效运用"互联网+""技术+""艺术+"等形式，扎实推进课程思政教育教学改革。根据不同学科专业的性质特点，深入挖掘拓展各门课程所蕴含的思想政治教育元素和所承载的思想政治教育功能，推进"思政"与"课程"有机融合、相互促进、协调发展，"如春在花，如盐在水"地让所有课程都上出"思政味"，产出了一批高质量、有影响力的课程思政金课。

一、艺术专业紧扣思政正能量

　　《高等学校课程思政建设指导纲要》指出，艺术学类专业课程"要在课程教学中教育引导学生立足时代、扎根人民、深入生活，树立正确的艺术观和创作观。要坚持以美育人、以美化人，积极弘扬中华美育精神，引导学生自觉传承和弘扬中华优秀传统文化，全面提高学生的审美和人文素养，增强文化自信"。浙江传媒学院结合艺术类专业占比较高，实践实战创作特色较鲜明的特点，有针对性地全面推进艺术类课程思政建设。

1.《红船往事》创排演，守好红色根脉

艺术有感，育人无形，音乐学院音乐表演专业教师吴晚屏将必修课程"剧目排练"与思政育人高度融合，让学生在剧目中与历史人物产生共鸣，达到学史明鉴、汲取力量、坚定信念、端正坐标的育人目标。

"剧目排练"课程坚持"一个中心，多方位切入"的思政教学思路。所谓"一个中心"就是以浙江传媒学院 2018 年国家艺术基金项目——音乐剧《红船往事》的"创排演"为中心，通过课堂教学让学生逐步走到了台前、幕后，切实地培养一大批"红船精神"的传承人。"多方位切入"则是通过不同剧目多方位切入的方法，将思政教学专题化，例如"歌剧中走进红色党史"专题、"歌剧中走进英雄人物"专题、"歌剧中走进新中国"专题等。

吴晚屏在《红船往事》中饰演王会悟，她以现身说法、身体力行的方式，感悟和传达"敢为人先"的"红船精神"。从 2006 年承担声乐系"舞台表演基础"

主讲教师、2013 年担任"剧目排练"主讲教师以来，吴晚屏一直在探索声乐表演专业实践技能集体课程最优化教学模式的途径。

2017 级音乐表演 1 班的谷安泰在《红船往事》中饰演毛润之，她一方面将课堂中的所学所得用于排练中，另一方面结合老师指点的唱段，在提升了自身专业水平的同时体会中国革命胜利的来之不易。

2017 级音乐表演 1 班的赵梓名在《红船往事》中饰演尼克尔斯基。从首演中的普通劳工到复排时的尼克尔斯基，从思政课堂走向红色舞台，赵梓名真正做到了歌为心而声，歌为情而动。

2018 级音乐表演 1 班金佳艺饰演的是村民，正如在无数普通人民群众的砥砺前行下，中国革命赢得胜利一般，一个小人物的细节化表演也能打动人心，平凡的角色也能在剧目创作中创造辉煌。

2. 青春望道不迷茫

1920 年 8 月，《共产党宣言》中文译本问世，它的传播在引导大批有志之士学习了解马克思主义、树立共产主义理想、投身民族解放事业方面发挥了重要作用，始终是激励中国共产党人不忘初心、牢记使命的精神源泉。为传承红色基因，华策电影学院教师团队创作了以《共产党宣言》的翻译者陈望道先生为原型的话剧《望道》。

《望道》由表演系主任李伟担任指导老师，2018 级表演 1 班、表演 2 班共同参演。作品以陈望道先生的学生刘静之的回忆为切入点，使其与老年刘静之隔空对话，创造性地实现时空交叠的艺术效果。

《望道》将专业课程与思政有机融合，深度挖掘红色基因，以实践的方式践行育人使命，赓续中国共产党人的精神血脉，把望道精神传承下去，使之成为当代大学生应有的底色。

3. 绘出百位烈士画像

2021年3月，动画与数字艺术学院与钱江晚报社共同发起了"迎接建党百年，为百位烈士画像"的大型公益活动。2022年6月，在短学期专业实践课程中，2021级动画专业和漫插画专业的师生团队尝试深化和拓展烈士画像这一主题，考察和记录这些画像中的英烈的英雄事迹，并通过联合作业的方式，指导学生运用动态造型和镜头语言等专业技能，创作一批以呈现英雄故事为主题的连环画作品。

在活动中，年轻的师生与为国捐躯的烈士们进行了一场超越时空的特殊对话：用画笔描绘英烈的年轻模样，用专业赓续不朽的红色力量。

"为百位烈士画像"大型公益活动产出了大量成果，获得了较大的社会影响力，活动被央视、浙江卫视、《钱江晚报》等媒体跟踪持续报道共计 50 余次，形成了具有鲜明特色的红色文化传播品牌，探索出了符合学院专业特色的党建引领课程思政新模式。

4. 播音课堂发出好声音

以选题为靶向，以教师为引领，以声音作品为成果，播音主持艺术学院张伟老师用独特的声音打通课堂内外，推动课程思政改革创新。

（1）选题 + 思政：让课程思政有目标

选题是教学设计的核心。在课程思政实施过程中，选题的策划往往要做到精心且有前瞻，并在课程实施前论证并确定。张伟老师在开课前完成了广播剧《十二根金条》和先进人物事迹广播剧《点亮星星的人》的选题策划与论证。选题的确立让这门课程早早就拥有了明确的方向与目标。

（2）课堂＋课外：让课程思政有土壤

在"文艺作品演播"课程中，学生们会利用假期，带着创作目的去感受新时代的中国，去领略祖国巨变。这一创作过程，既是一次家国情怀的构建过程，也是课堂链接课外的有益尝试和塑造。

（3）教师＋学生：让课程思政有引领

教师作为课程思政的实施者，一方面要具备过硬的政治、专业素质，另一方面也要身体力行去影响和带动学生。每一次创作都不是一帆风顺的，面对学生在创作中遇到的各种问题，教师团队需要随时随地与学生沟通，激发其创作激情、保持创作的温度。

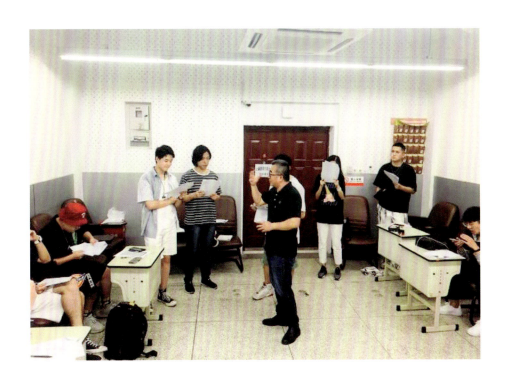

（4）作品＋传播：让课程思政有成果

张伟老师带领学生们创作的短音频系列作品《行走中国》《阅读中国》在福建台播出 50 期，广播剧作品《一代明吏白居易》《阴差阳错》《医路前行》《春晖》《点亮星星的人》等近 20 部作品在"学习强国"学习平台等中央、省级平台播出。

5. 影视摄影里润物无声

"互联网＋"时代，如何在专业课程中融入思政元素？电视艺术学院的教师管熠确定了"以兴趣探索理论，以理论指导实践"的教学理念，选择讲述中国故事的优秀案例，让课程"影视摄影造型"中的教学案例"有趣、有味、有魂"，并结合当代社会主流价值观更新案例，提高学生的"抬头率"。

将课程思政融合在实践创作中是"影视摄影造型"特色之一。在管熠老师的指导下，2019 级摄像 2 班同学创作的课程作业《一百年有多久》获得了全国大学生广告艺术大赛三等奖，此片表现了中国共产党在百年革命中不惧困难、艰苦奋斗的精神对一代又一代青年人的影响。

2019 级摄像 2 班另一组同学的课程作业《百年珍藏》获得了第九届浙江省大学生摄影竞赛二等奖和第二十届浙江省大学生多媒体作品设计竞赛专项赛三等奖。影片讲述了主人公徐祖福和

他的红色收藏的故事，将红色收藏与传承的革命精神与特殊的时代主旋律——"建党百年"相结合，以青年大学生的视角，结合嘉兴本土历史文化，表达献礼百年的深刻寓意。

还有一组学生的纪录片作品《我们的土地》获得了第九届浙江省大学生摄影竞赛二等奖，登上了央视。该作品表现了主人公投身乡村振兴的故事，贴合"绿水青山就是金山银山"、先富带动后富的理念。青年学生在选材、拍摄、制作的过程中了解作品主人公的奋斗经历，这本身就是一个很好的思政实践过程。

我 们 的 土 地

管熠老师还组织举办了"百年·青春"2021浙江传媒学院短学期红色影像短视频大赛，鼓励同学们用影片来展现党的光辉历程和丰功伟绩，展望中华民族未来生活的美好愿景。通过对影片创作过程的讨论，思政内容润物细无声地渗透进了同学们的心中。

6. 经典电影里传播好故事

华策电影学院李骏老师致力于培养能讲好"中国故事"的传媒艺术类人才，让电影类课程教学中的课程思政改革先行一步。

课堂上，李骏立足具体影片文本，分析并阐释主流意识形态的建构与叙事的策略、方法，使学生从专业角度理解"中国故事"的内涵及其传播，引导学生形成主流价值观。

　　李骏老师以分析、阐释主流意识形态在电影中的表述和传播作为切入点，通过对经典、优秀主旋律影片的学习、研讨，归纳其叙事策略及成功经验；通过对当下中国电影的分析，从正反两方面比较取得成功和失败的案例，阐释这些影片所表现的文化症候；通过和美国电影的比较，拆解其意识形态的神话，并借鉴它的叙事策略。这就实现了专业学习与课程思政相结合，以电影教育的润物无声，化解思政教育的宏大表述，使思政教育更入心。

7. 美术设计创新探索

　　2021 年 11 月 17 日，为纪念毛泽东同志为绍剧《孙悟空三打白骨精》题诗 60 周年，由中共绍兴市委宣传部主办的绍剧电影《孙悟空大战红孩儿》首映仪式在绍兴鲁迅电影城举行。该剧是继 20 世纪 60 年代拍摄的绍剧电影《孙悟空三打白骨精》后的第二部绍剧猴戏电影，由浙江传媒学院设计艺术学院宋伟君老师美术团队全程提供场景规划与执行。

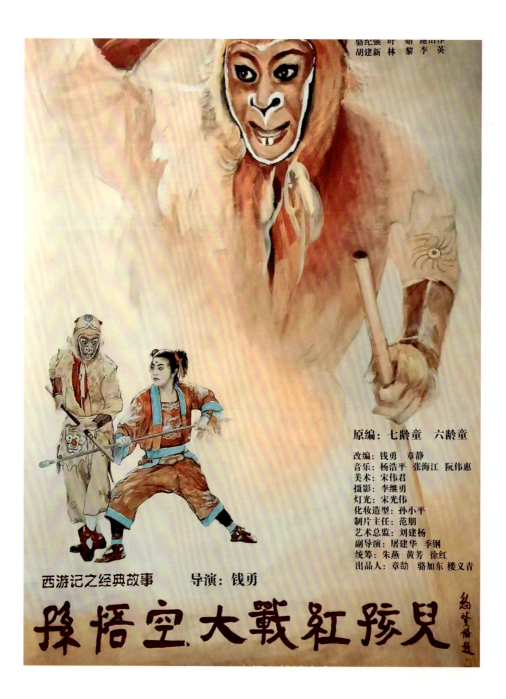

　　这部历时三年制作完成的 4K 数字电影，第一次实现了舞台体现与影视表达的完美交融，实现了传统与现代的精彩传承与对话，是迄今为止学生实践难度最大的一个项目。参与执行的"影视美术创作与体现"课程组里，既有早已毕业的 2004 级学生，还有在校学生，参与学生将近 100 人次。

　　因为此项目背景的特殊性，学生在创作各阶段结合具体的创作困境与攻坚策略，积极思考研讨了一系列问题，找到了课程思政导入的新路径。比如作为国家级非物质文化遗产的绍剧如何创求新生；传统戏曲电影如何当代化表达；对毛泽东同志题诗的现代性解读以及在重读、重塑中国经典故事中如何发掘自身专业优势，寻求中国故事的核心表述价值等。这种深度契合该电影主旨的百折不挠的求索精神得到了专家和社会的高度肯定。

二、人文专业里的时代赞歌

浙江传媒学院积极贯彻落实《高等学校课程思政建设指导纲要》关于人文类课程"要在课程教学中帮助学生掌握马克思主义世界观和方法论，从历史与现实、理论与实践等维度深刻理解习近平新时代中国特色社会主义思想。要结合专业知识教育引导学生深刻理解社会主义核心价值观，自觉弘扬中华优秀传统文化、革命文化、社会主义先进文化"的基本要求，建构具有浙江传媒学院特色的人文类专业课程思政融入路径。

1. 助力学生点亮精神文明的明灯

随着公益广告创作发展空间的不断扩大，需要更多的专业人才投入公益广告创作的伟大事业。"公益广告创作"作为浙江传媒学院首开的综合性广告创作课程，在实践中取得了丰富的教学教研成果。

    "公益广告创作"主讲教师王凌飞在授课过程中注重创意公益，润物无声；学践一体，多元结构；竞赛搭台，协同育人；践行思政，立德树人。2020年新冠疫情暴发初期，课程组织学生积极参加第十二届全国大学生广告艺术大赛公益广告《战"疫"》命题微博赛征集活动。通过线上课程学习与教师指导，学生作品《绿灯行》在全国1348所高校的39851组参赛作品中脱颖而出，获得《战"疫"》命题国家级奖项。

    在浙江省文明办、省教育厅、共青团省委、省广播电视局、省广播电视集团等共同主办的2021年"第四届浙江省大学生公益广告大赛"中，"公益广告创作"课程的学生作品在1578件公益广告参赛作品中突出重围，获得出色成绩。文化创意与管理学院广告学专业的王晨、黄帆同学创作的公益广告作品《我们，想去外面看看》获得影视类作品唯一金奖。这是课程学生连续两届获得大赛金奖。

    "公益广告创作"课程致力于专业教育教学与思想政治引领相结合，在强调学以致用的同时，鼓励学生以广告艺术作品为载体，用自己蓬勃的创作激情

扎根传统、讴歌时代；在赋予广告作品丰富公益内涵的同时，引导学生完善自我教育与人格的提升，为推广全社会"行动实现梦想"的公益理念贡献力量。

2. 以语言文字创造新世界

将"中国视野、扎实理论、实干能力、创新精神"作为目标，以"写好中国故事"为教学内容，文学院的俞春放老师和黄竞天、高睿两位老师结合"互联网+新文科"的新时代课程手段，开设了"故事创意与剧本策划"这一课程。他们希望通过这门课，培养出兼具家国民族情怀、编剧理论知识和专业实战能力的专业人才。

课程以"四史"和"非遗"两个模块为切入口，引导学生以长征故事为素材进行创作，以非遗传承人为原型学习人物创作方法，并在此基础上使用虚拟仿真技术对学生的剧本进行评估，进而达到弘扬科技强国精神的效果。

《一生梁祝梦》

年轻时顺应改革开放的号召、离乡经商获得成功的秋强，退休后回到家乡，想建设家乡的梁祝文旅基地（目标）。然而，一腔热情的他却发现困难重重，当地有关梁祝的文化遗迹几乎是断壁残垣（阻碍）。他四处奔波，筹集到了一笔资金，终于守住了这块文化遗迹（努力）。然而，日本等国家计划开始申报梁祝的国际级非物质保护。日本一旦申报成功，就会夺走属于中国人的梁祝文化（困境）。就在秋强陷入困境之时，全国各地与梁祝有关的文化组织团结了起来（惊喜）。中国的梁祝文化成功申遗（逆转）。最后，秋强在家乡建设了文旅基地，中国的这个文旅基地建设好的话（结局）。

经过多年的教学实践，学生以"中国故事"为主题，创作了数十个影视剧本，并拍摄了十余部主题短片。师生共同完成的网剧《怪力少女的日常》《梦是甜的》《乌龙书院》，小说《十四岁的长征》等或聚焦美好青春或聚焦乡村振兴或关注时代精神，均产生了良好的社会影响。

小说《十四岁的长征》不仅是这门课的课程训练，还是浙江教育出版社建党百年献礼作品。同学们的创作意识已经体现在了课程作品的人物塑造当中，

比如对视点人物小丫，不仅强调她作为小红军、小战士的一面，还有意识地关注她作为女孩子的生命意识。在历史的洪流中，个体的声音也许没有那么洪亮，但正是这些不可忽视的声音汇集在一起，才成为时代的黄钟大吕。

实训的过程让学生明白，创作的意义在于建构起一个明确的价值体系，明确何以为之生、为之死，用语言文字或影像材料去营造一个传递美好价值的新世界。

3. 在现实案例中站稳中国立场

新闻与传播学院吴生华老师开设的课程"电视新闻栏目研究"针对目前电视荧屏上呈现的各类电视新闻栏目以及互联网视频新闻的特征、样态、制作技巧等，进行专题分析评述。课堂既在理论教学中结合现实案例，又以案例分析形式加强对思政内容的阐述与解读。通过线上案例教学与线下研究性学习，学生们能在课堂上充分吸收思政元素和前沿知识，真正做到学以致用。

（1）注重思政内涵的线上案例教学

吴生华老师在线上课程中采用多种具备思政内涵的案例进行实证教学，并

结合相关理论概念分析案例。如在讲解电视新闻的真实性和客观性时，吴生华
就采用了央视《焦点访谈》播出的调查报道《耳闻眼见未必实》作为案例。这
一案例中，某副县长在一次因工作引发的矛盾纠纷当中，口出脏话骂对方是个
"屁"。可事实的真相是这位副县长所说的"屁"其实是当地方言"皮"，但
是在添加字幕时却直接把"皮"字打成了"屁"字，造成了很多网络受众产生
误解。视频所呈现的"事实"并非原话的本意，所以"耳闻眼见未必实"。通
过案例分析，学生们能够从马克思主义哲学认识论的角度出发，深刻认识到"新
闻报道是人类的主观对客观事实的反映"这一道理。

（2）引导更具思辨性、研究性的线下翻转教学

课程采用线下翻转课堂开展研究性教学，学生在完成线上学习的同时，还
要选择电视新闻栏目融媒传播研究选题，搜集、整理、分析具体的电视新闻栏
目融媒传播实例。在选题论证与研究分析过程中，吴生华从马克思主义新闻观
与中国立场出发，引导学生探讨电视新闻栏目融媒传播的策略与效果。

（3）延伸线下红色题材实战摄制

课程开展了实战性线下教学的延伸，把探索红色根脉、家国情怀的厚植融入实战实践。2020届、2021届毕业生创作的纪录片《红村故事》《在这里看见未来乡村》分别入选浙江传媒学院毕业作品联合创作招标项目和自选项目。2019级选课学生创作的纪录片《山村书记的大梦想》获全省大学生多媒体设计大赛微电影组一等奖。

4. 用英语描绘真实中国

"The microphone is the link between me and my country, and I want to use my expertise to narrate China's stories…"

2021"外研社·国才杯"全国英语演讲大赛决赛现场，2020级英汉双播专业的学生杨泞如正在围绕"红星照耀中国"这一主题，用英语直抒"善养吾浩然之气"的信念、筑牢"修身齐家治国平天下"的格局。

作为指导教师，国际文化传播学院的田方老师正在一旁默默注视着她。由

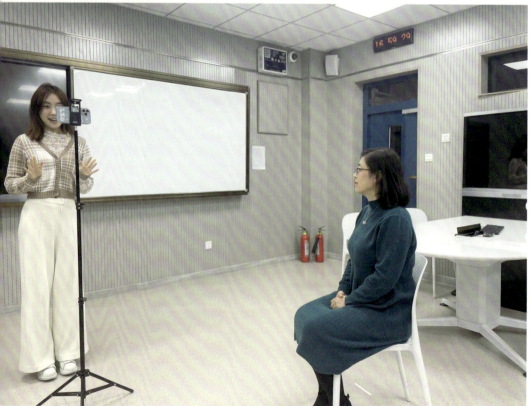

她负责的"英语演讲与口语传播"课程获得省级课程思政优秀教学案例特等奖。基于该课程的英语演讲竞赛团队已形成"导师制"的第二课堂演讲竞赛培训机制。多年来，团队培养了21名国家级和33名省部级学科竞赛获奖者。

"真积力久则入，学至乎没而后止也"，除了在日常课堂中扎实夯实技能基础之外，同学们也会走出校门，将当地思政类博物馆作为实景教学课堂进行学习。大家身临其境、用心体会，将心中所想、笔中所写流畅地转化为口中所讲。

2021年6月，田方老师带着学生们来到五四宪法历史资料纪念馆进行实景教学，引导大家结合第一部宪法制定的过程掌握说明型演讲的理论技巧。学生以"我来介绍……"为演讲主题，对相关史实进行复述，不仅提升了学生精准解读的能力，更让大家在内心坚定了法治中国信念和制度自信。

从"中国的国际视野"到"我的2049"，通过讲述紧跟时代脉搏的演讲主题，参赛学生在提升演讲技能的同时，也展现了自己的家国情怀与国际视野。在2013年"外研社"国赛中，戴铠亦同学借畅想孔子与苏格拉底两位哲学大师的相遇来展示东西方文化的思想碰撞与交流，倡导美美与共的跨文化交流，获

得了评委们欣赏，夺得高分。

　　"理论＋实践、语言＋信念"是"英语演讲与口语传播"这门课程离不开的两个加法。课程坚守"英语沟通"的本色，打好"民族自信"的底色，提高"国际传播"的成色，积极培养能讲好中国故事的年轻"思享家"们。相信在未来，这群优秀的"思享家"会站在国际舞台上，用中国人的智慧展示真实、立体、全面的中国，用中国人的话语塑造可信、可爱、可敬的中国。

　　5. 外国人眼中的中国

　　外籍专任教师 Alan Duan 将其在英国和澳大利亚从事英汉播音配音工作十多年中受到的外国人对中国和中国文化的误解、曲解、歪曲、诋毁、侮辱等每个

思政点充分融入自己的课程教学，以增强民族自信、对外讲好中国故事，加大国际传播力度。

他在授课中融入的思政教育让学生感到接地气，疯狂但不做作，应景而实效，中国但又国际。Alan Duan 对英汉双播专业高年级的英语配音解说专业课教学中的"口音设定"环节动了脑筋——"如何在英语配音解说中淡化明显的英美发音成分而融入中国发音特色"。他要让世界听到有中国特色的英语声音！他特别坚持让专业学生在模仿英国广播公司（BBC）或美国有线电视新闻网（CNN）播音腔的同时，思考如何创立有中国特色的英语播音配音风格，不要一味追求地道的英国发音、美国发音，要让外国受众一听，就感受到"那是来自中国的英语声音"。2021 年中国共产党建党 100 周年时，由浙江国际频道制作的《100年·外国人眼中的中国（浙江）记忆》纪录片就由 Alan Duan 本人配音解说，该部纪录片全球反响极佳，受到国际社会高度评价。

三、理工科里的思政元素

《高等学校课程思政建设指导纲要》指出，理工类专业课程"要在课程教学中把马克思主义立场观点方法的教育与科学精神的培养结合起来，提高学生正确认识问题、分析问题和解决问题的能力"。针对理工类专业课程特点，浙江传媒学院广大教师不断探索思政元素融入路径，形成了一批可复制的经验做法。

1. 从游戏里看思政

游戏能与思政结合吗？媒体工程学院张帆老师和教学团队通过"游戏开发基础""游戏原画设计与虚拟现实技术""短学期专业综合实践"等课程，尝

试探索和回答这个问题。把中国传统文化、工匠精神等元素融入教学内容和游戏作品设计开发是这些课程的宗旨之一。

2020年，为了致敬奋战在疫情前线的英雄们，张帆所在的教学团队与学生们共同创作了游戏作品《2D/3D战"疫"》。该作品获得了2020年第三届全国数字创意教学技能大赛一等奖、浙江传媒学院2021年课程思政微课大赛一等奖。

2021 年，教学团队第一次尝试跨学院、跨学科、跨专业合作，与设计艺术学院戏剧影视美术设计专业共同开设"游戏原画设计与虚拟场景技术"课程，以国家广播电视总局重大剧目《光荣与梦想》延展出九大革命红色基地场景串联建党百年，第一次以游戏的形式讲述党史。刚开始，学生拿到该需求时一筹莫展：既要保证电子游戏的娱乐性，又要体现党史学习教育的严肃性，是该主题的一个难点。为了能达到预期效果，从历史回顾调研、资料收集整理，到程序编写、美术创作，师生无一不尽心尽力。项目制作不仅使学生们体会到了"建党精神"，也使教学团队受到了一次深刻的党史学习教育。最终，作品得到了网易、腾讯、电魂等游戏企业的高度认可。

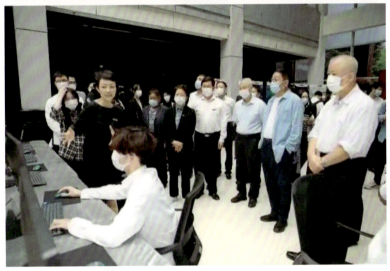

 为庆祝建党 100 周年，2021 年，教学团队开辟了新的设计主题"革命红色游戏"，把教党史、学党史融合到课程实践中，举办了"浙江省首届高校红色数字游戏创意游戏大赛"，比赛得到了省内各大院校的大力支持，报送了一批优秀游戏作品。

 此外，全国政协"促进互联网游戏产业健康发展"专题调研组和教育部国际司副司长徐永吉先后调研和参观了学生的短学期作品展，也给予了高度评价。

游戏与思政的结合能让学生在学习专业知识、锻炼实践能力的同时，认识到游戏规则设计过程中的要求：必须始终贯穿爱国情怀、法治意识等社会主义核心价值观。充满正能量，一款游戏才能走得更远，这才是未来中国游戏行业人才必备素质的题中应有之义。

2.用"心"感受的课程思政

在浙江传媒学院的专业课堂上，你可以看到一位老师直播通关魂斗罗，也可以看到他和同学们一起疯狂甩头，还可以看到他穿着搞怪的玩偶服现身教室……他就是正在给学生上游戏相关专业课的李铉鑫老师。

李铉鑫，浙江传媒学院媒体工程学院数字媒体技术专业数字游戏方向教师，主要教授游戏策划、游戏心理学等方面的课程，2018年初因其新颖的"课程思政"形式登上央视新闻联播。

学生说，他的课堂充满"魔性"，总是能一下子调动起学生的学习兴趣。所有新鲜的词汇、古怪的举止，只要是出现在他身上，似乎就变得理所应当了。先调动起学生的学习兴趣，教师再引入真正的课堂内容，这种方式比传统的照本宣科要有效果得多。课程思政的优势在于，它可以通过潜移默化的方式激发

学生的兴趣和求知欲，进而引导教育学生。学生知道自己能学到东西，进课堂时就会带上"耳朵"去听，当教师设计出更多的互动或给予学生更多的主动权时，他们就会用"心"去感受。

以"游戏策划课"为例。一款简单的桌面游戏，从最开始的框架，到不断完善、复杂化的过程，每一步其实都体现了社会主义核心价值观。在课堂环节，李铉鑫让学生自己设计游戏规则，进而理解社会主义核心价值观。身处在自己制定的规则以及实践中，学生会不断发现漏洞，因为规则的不完整，总会导致有一方很不利。在"鑫哥"的引导下，同学们可根据自己的想法，不断地将规则公平化、严谨化。由此，学生更深地感受到在社会生活中，法治与公平、公正对每个人的重要性，这就体现了"自由、平等、公正、法治"的社会主义核心价值观。

四、跨学科专业融合的思政教育新路子

为响应新工科、新文科等"四新"建设的时代需求，推进试点项目与现有教学资源的共享，促进不同专业课程之间的有机融合，实现学科交叉基础上的差异化、特色化人才培养建设目标，浙江传媒学院设计艺术学院、媒体工程学院、创业学院积极探索跨学科、跨专业、跨学院、跨校区的项目制"创新、创意、创作"课程建设新模式，打造了"新工科"与"新文科"跨学科融合课程——"原画设计与虚拟场景技术"和"影视美术双创实验课"，探索出了交叉融合课程育人的新路径。

1．"新工科"与"新文科"跨学科课程融合

面对"专业管理"的教育资源壁垒，课程组决定先从一项课程改革做起，探索跨学科专业教育资源整合、课程融合发展、培养创新复合型人才的新途径，将改革落在实处。

　　课程组选择了两门分属不同学科但具有融通点的课程"原画设计与虚拟场景技术"和"影视美术双创实验课"。两门课程的结合整合了剧本解读与文案策划、场景原画设计、3D 三维场景建模、人机交互设计、计算机程序设计和展示设计等项目创作全流程的师资力量，优化了课程教学内容和师资结构，为课程的改革打下了坚实的基础。

　　2."新工科"与"新文科"跨学科教师融合

　　两个学科专业教师的结构优化，使得每一个授课环节都变得更加科学。戏剧影视美术设计专业教师教学环节主要集中在剧本解读与文案策划、场景原画设计到 3D 三维场景建模的过渡，以及最后的展示设计部分。数字媒体技术专业教师教学环节主要集中在 3D 三维场景建模、人机交互设计、计算机程序设计部分。

在场景原画设计部分，课程还请到 Guild Studio 游戏公司 2D アーティスト（2D 艺术家），浙江传媒学院韩忠影视美术研创工作室外聘概念设计指导姚禹老师在日本与学生连线，线上分享了最前沿的概念原画设计绘图方法与技巧。

因为跨学科、跨专业、跨学院等原因，课程组需要不断修正授课方式、课程内容，时时调整上课节奏。课程组教师们付出了极大的热情，将一周四节课上成了一周课上四小时，课后答疑一小时，答疑完再开每周总结会，项目的每一步推进都是课程组所有成员和学生充分沟通达成信任的结果。

3. "新工科"与"新文科"跨学科学生融合

跨学科融合课程学生共 58 人，包括工科学生 38 名、艺术学生 20 名。学生根据课程项目分为 9 个小组，每组 6—7 人，包含两个学科的学生。

　　课程改革的核心目标就是希望跨学科学生之间能够实现真正的融合，这种融合不仅只是课堂上的几十分钟，而是在同学们的学习生活中，多了一群新的伙伴、新的战友，形成长期的跨学科学习小组，未来能够以团队的形式去承接新的项目。

　　课程组有意识地加大了课下小组讨论、课程阶段性小组分工汇报等合作工作内容。同学们也异常珍惜课上的当面交流和课下的跨校区线上互动时光，带给大家一次又一次的惊喜。

　　4.专业教育、技艺学习与思政教育、党史学习教育融合

　　戏剧影视美术设计专业尝试将"课程思政"教学理念融入跨专业合作课程。该课程以国家广播电视总局推出的献礼建党100周年重大剧目排名第一，以韩忠老师担任美术指导、韩忠工作室师生团队参与完成美术创作的电视剧《光荣与梦想》为教学内容，通过带领学生研读剧本、分析讨论，结合社会热点，延展出九大主题场景串联建党百年。

　　九大主题场景包括嘉兴南湖画舫（红船）、井冈山、遵义会议（遵义柏辉

章公馆）、延安窑洞、天安门广场人民英雄纪念碑、两弹一星、改革开放（深圳速度）、抗疫精神（雷神山医院建设）、扶贫精神（十八洞村）。

在课程教学过程中，通过交叉融合方式，把红色基因、革命精神、建党精神等内化为学生的创作自觉，使学生能够有意识地把正确的世界观、人生观、价值观融入作品创作，讲好中国故事，实现"三全育人"教育理念的全面贯彻。

精彩回放四：打造有热度的实践实战课

坚定的理想信念、优秀的思想品德是传媒人才培养的鲜亮底色。将思政元素全面融入实践实战的各个环节，让广大传媒学子用眼睛去发现，用心灵去感知，用智慧去思考，用镜头去捕捉，用笔尖去记录，用脚步去丈量，更好地感悟信仰之力、理想之光、使命之艰、担当之要。浙江传媒学院以共同富裕、乡村振兴、企业发展等为育人大舞台，以课程、实验室等为育人实战场，探索了一条把德艺双修体现在实践实战特色场景之中的新路子，有力推动了大思政育人的工作成效。

一、推普培训：乡村振兴的助推器

为有效发挥国家语言文字推广基地的示范带动作用，进一步提升民族地区、农村地区教师国家通用语言文字应用能力和教学水平，2022年，教育部决定继续组织122家推广基地中的60家高校基地对口60个国家乡村振兴重点帮扶县，开展教师国家通用语言文字能力提升在线示范培训。浙江传媒学院获批对口四川省凉山彝族自治州美姑县开展教师国家通用语言文字能力提升在线示范培训。

　　浙江传媒学院高度重视此次培训工作，强调本次在线示范培训是教育部语用司贯彻落实习近平总书记就加大推广普及国家通用语言文字工作力度指示精神的重要举措，是实施推普助力乡村振兴战略和国家通用语言文字普及提升工程的关键措施，是民族地区经济繁荣发展的必然要求，也是铸牢中华民族共同体意识的重要途径。推广基地要在"大思政"格局下开展民族地区语言文字推广普及工作，把国家通用语言文字推广普及与教师思政能力提升结合起来，把国家通用语言文字推广普及与人才培养紧密结合起来。

　　1. 成立以播音与主持艺术专业教师为核心的教学团队

　　培训自 2022 年 7 月 9 日开班，8 月 23 日结束，美姑县 100 名中小学教师接受了总计 50 学时的在线示范培训。本次培训由播音主持艺术学院院长、国家语言文字推广基地主任杜晓红教授担任组长，由 18 名播音与主持艺术专业老师担任授课教师，其中不乏国家级、省级普通话水平测试员。推广基地组织教师线

上研讨，定期总结。教学团队坚持思想认识统一，教学内容统一，考核标准统一，培训目标统一。确保高标准完成培训任务，高质量达成培训目标。

教学团队的每一位老师都为参与此次在线示范培训项目感到非常荣幸、非常自豪。老师们深刻认识到推广普及国家通用语言文字对促进乡村振兴的重要意义，认识到语言文字在传承中华优秀文化中的重要作用，有利于进一步提升教师在专业教学、立德树人中的思政能力。

2. 组建以播音与主持艺术专业学生为核心的助教团队

推广基地从播音与主持艺术专业选拔 12 名本科生组成助教团队，担任主讲教师的小助手。项目管理人员定期组织助教召开培训会议，传达培训工作要求，明确每位助教的工作职责，布置近期教辅工作任务，汇报各小课组教学情况。

助教团队除了发布上课信息、上传教学材料、记录课堂表现、统计考勤、收发作业之外，还录制示范音频供学员学习，为学员提供一对一个性化辅导，最大限度发挥他们的专业优势。

助教团队以本次培训为契机，成功申报了浙江传媒学院校级重点暑期社会实践，获批为2022年"推普助力乡村振兴"全国大中专学生暑期社会实践志愿服务活动团队。助教团队在培训后的感想中说，"教育事业关乎民族未来和国家希望，少数民族教师的普通话水平潜移默化地影响着每一个孩子"。他们表示，"作为青年，应该利用所学知识与专业，推动教育事业发展，加强民族团结"。助教团队的事迹通过主流媒体报道和公众号传播，能够影响千万个青年学子。这样的实战项目，发挥着学生思政素质养成引路人的作用。

3. 设计以普通话水平能力提升为目标的实战教学模式

此次培训的 100 名美姑县中小学教师中，彝族教师占比达到 88%。学员的普通话水平都在二级乙等以下，语音面貌受母语或者方言影响较大。针对学员语音基本情况，教学团队综合运用"大小课结合""小班化教学""一对一辅导""个性化练习"等教学模式开展实战教学，并配套制作了系列录播课程、示范读音音频以及小课训练材料提前供美姑县老师自主学习。经过实践实战学习，培训效果显著，学员们的语音面貌越来越好，普通话水平都有了明显提升。本次培训使用的训练材料传递着社会主义核心价值观的中国故事，其中不少实战训练材料内容与民族团结和爱国主义紧密相关，这样的"社会大课堂"有助于共同铸牢中华民族共同体意识。

二、新联村：共同富裕的实践场

浙江省温州市平阳县是革命老根据地，素有"浙江延安""浙南红都"美誉。中共浙江省第一次代表大会在这里举行，曾是早期中国工农红军挺进师、中共闽浙边临时省委与浙江省委的活动中心。

平阳新联村位于温州市平阳县水头镇朝阳山平阳黄汤茶博园景区，海拔 500 多米，面积 2.3 平方公里、森林覆盖率达 96.4%，是中国少数民族特色村寨、温州市共同富裕观测点、平阳县共同富裕先进集体、平阳县最美村、浙江传媒学院对口帮扶村。

自 2018 年浙江传媒学院结对帮扶平阳新联村以来，结合新联村发展现状，浙江传媒学院针对性制定了文化艺术赋能新联村茶旅融合产业发展的帮扶策略，鼓励各单位组织师生到新联村开展各类型调研、党建、社会实践和帮扶工作。

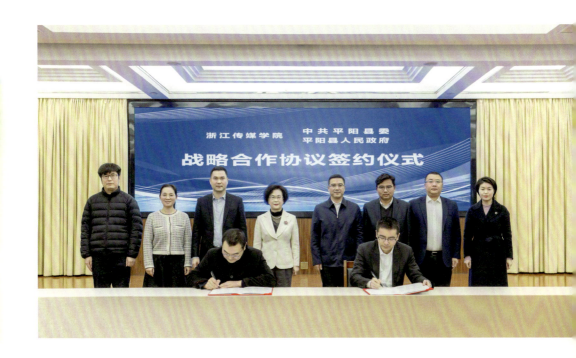

学校利用开展暑期社会实践、短学期的契机，积极组织学生充分利用平阳新联村的实践实战场所，通过红色文化调研、帮扶成果考察、帮扶项目实践，了解浙江的红色奋斗史、脱贫攻坚史、乡村振兴史，以实际行动践行浙江"两个先行"奋斗目标。先后组织了"金色畲乡——浙传角虫设计乡村品牌塑造与传播团队""图书馆暑期社会实践小队""浙江传媒学院平阳新联村文化帮扶暑期社会实践团队""一村一品——乡村振兴品牌设计团队""浙江传媒学院浙时红传暑期社会实践团队""移动三脚架温州平阳新联村文化扶贫暑期实践队""平阳直播助农团队""平阳设计助农团队"等多支学生团队赴平阳新联村开展多种形式的实践活动。

在新联村的乡村文化记忆馆建筑展陈设计、墙绘设计、村标设计、包装设计、标识牌设计、村民摄影、村形象片拍摄、红色动漫故事创作、直播助农等项目，

以及在平阳黄汤茶诗词大会、"走好平阳共富路"宣传会、《百年追寻》大型
音诗画舞台剧等大型活动中，浙传师生通过公益助农充分体会到助力乡村振兴、
共同富裕建设事业后的获得感和成就感。

三、新媒体"特派员"：企业发展的使者

　　浙江传媒学院桐乡校区设有文化创意与管理学院、文学院、设计艺术学院、
音乐学院和华策电影学院等五个二级学院，开设了文化产业管理、广告学、网
络与新媒体、艺术设计、摄影、会展、公共关系、音乐表演等传媒与艺术类专

业。大学生社会实践实战作为学校教育的重要组成部分，目的在于弥补学校教育教学工作的不足，丰富和深化学生思想政治教育的实践内容，促进青年学生在理论和实践相结合的过程中增长才干、健康成长，从而优质成才、全面成才。根据中国青年网发布的调查数据，有 76.29% 的大学生认为缺乏实践实战与工作经验是就业中令人困扰的事情。

1. 新媒体"特派员"实战项目运作逻辑

年轻人更懂新媒体，更能玩转新媒体。浙江传媒学院学生新媒体"特派员"将课堂所学用于社会实践实战，服务桐乡地方产业特色。围绕桐乡（濮院）当地代表性企业，通过一对一新媒体"特派员"入驻，深入了解企业文化、品牌及产品特色。为企业提供量身定制的新媒体策划、制作和运营服务。开展线上线下商家培训赋能，以企业新媒体运营为抓手，从选品、品控、短视频、直播、电商、培训、物流、服务等全方位优化并提升企业的新媒体运营能力和销售业绩，加快实现桐乡（濮院）产业转型升级。同时，深度培训传统企业人员的技能提升，进行品牌化新媒体运营，助力销量提升，致力打造属于桐乡（濮院）产业带特色的新媒体运营典型案例。

通过桐乡市科技局及行业协会推荐，项目组在各新媒体平台发布新媒体"特派员"工作站企业的招募信息，在众多申请企业中，项目组选择了 20 余家进行实地走访交流考察，最后选择了濮院轻纺城、南秀丝语、千圣禧（买手股份）、佳教集团、春开、森霸、鸵鸟等七家企业作为首批新媒体"特派员"工作站企业。其中濮院轻纺城、南秀丝语两个团队已经被认定为"嘉兴市工业团队科技特派员"团队。

浙江传媒学院非常支持和肯定新媒体"特派员"项目的价值，鼓励项目组成员再接再厉，把项目做好，让更多的师生参与进来，为桐乡发展做出更多更大贡献。

浙江传媒学院桐乡研究院启用
暨MV《江南猴家》发布

2. 项目实践实战主要创新点

（1）浙传特色＋桐乡产业优势互补

充分利用好浙江传媒学院桐乡校区 5000 余名师生及传媒强校的优势资源，结合桐乡本地产业特色和企业需求，开展新媒体运营"特派员"工作，围绕桐乡（濮院）当地代表性企业，通过一对一新媒体"特派员"团队入驻，深入了解企业文化、品牌及产品特色，为企业提供个性化新媒体运营服务。开展线上线下商家培训赋能，全方位提升企业直播能力和企业业绩，帮助企业、商户加快数字化转型步伐，加快实现地方企业产业转型升级。同时为学生提供实践实战的平台和空间。

浙江传媒学院桐乡研究院启用
暨MV《江南濮家》发布

（2）企业招募＋学生新媒体"特派员"选拔

项目组通过桐乡市科技局及行业协会推荐，并在各新媒体平台发布新媒体"特派员"企业的招募信息。在申请企业中，选择了近20家进行实地走访交流考察，最后选择了7家企业作为新媒体"特派员"派驻企业。

在全校优秀本科生、研

2020年12月濮院抖音电商直播基地在桐乡濮院轻纺城正式签约落地，围绕濮院毛衫时尚的产业特色，汇聚抖音生态庞大优质流量，桐乡企业普遍对短视频、直播等新媒体运营有极大需求，但缺少专业的新媒体运营人才来执行。

☰ 浙传特色＋桐乡产业优势互补

NEW MEDIA

浙江传媒学院桐乡校区有5000余名师生及传媒强校优势资源，结合桐乡本地产业特色和企业需求。浙江传媒学院桐乡研究院开展新媒体"特派员"工作，围绕桐乡（濮院）当地代表性企业，通过一对一新媒体"特派员"团队入驻，深入了解企业文化、品牌及产品特色。为企业提供个性化新媒体策划、制作到运营服务。

新媒体运营"特派员"来啦！桐乡企业招募中……

浙江传媒学院桐乡研究院
2021-10-21 09:59

究生队伍中招募新媒体"特派员"志愿人员，提供专业培训，最终选拔了36名学生，组建了7个新媒体"特派员"团队及一个独立的短视频团队，由3名专

业教师带领。

3. 新媒体"特派员"项目成效

（1）新媒体"特派员"助力桐乡企业打造新媒体运营生态链

新媒体运营"特派员"通过一对一新媒体"特派员"团队入驻，每周至少深入企业现场工作两天，深入了解企业文化、品牌及产品特色，为企业提供量身定制的新媒体策划、制作和运营服务。课余时间通过线上方式完成相应的新媒体运营工作，开展线上线下商家培训赋能，以企业新媒体运营为抓手，高效地打通桐乡（濮院）传统企业的新媒体运营方式。通过系统的新媒体运营，帮

助商家快速建立对抖音直播的认知，深入理解小店玩法以及内容营销逻辑。从选品、品控、短视频、直播、电商、培训、物流、服务等全方位优化并提升企业的新媒体运营能力和销售业绩。新媒体"特派员"项目借助抖音这类直播短视频平台巨大的流量优势、技术优势和独特的营销玩法，同时基于企业的规模、品质、供应链和电商运营能力，加快推动包括抖音直播在内的电商新模式、新业态快速有序发展，从而推动企业新媒体运营的优化升级，提振企业的新媒体营销信心，促进产业尽快复苏，赋能产业新生态，助力桐乡（濮院）产业发展和建设。

（2）提供了可借鉴的经验和典型案例

根据每个新媒体"特派员"项目入驻企业的自身情况，对每一个"特派员"设定了关键绩效指标（KPI），例如公众号的文章数量，粉丝的数量积累，短视频策划及创作的要求，直播的方案及实施等，对新媒体运营流量以及流量的变现都有一定的指标。通过新媒体"特派员"项目，加快实现桐乡（濮院）产业转型升级。同时，深度培训传统企业人员的技能提升，进行品牌化新媒体运营，助力销量提升，致力打造属于桐乡（濮院）产业带特色的新媒体运营典型案例，最终提振桐乡本地企业的新媒体运营信心，并起到带动示范作用。

（3）学生在社会实践实战中得到锻炼成长

学生通过新媒体"特派员"项目亲身参与社会实践实战，紧密结合自身专业特色，在实践实战中检验自己的专业知识和水平，增长见识，锻炼自己的才干，培养自己的韧性。学生们通过社会实践实战，原来理论上模糊和印象不深的知识得到了巩固，原先理论上欠缺的经验在实践实战环节中得到补足，汲取了丰富的营养，并在社会实践实战活动中认清了自己的位置、发现了自己的不足，对自身价值进行客观评价，这在无形中帮助学生对自己有了正确的定位，增强其努力学习的信心和毅力。

四、红村故事：育苗工程中的新闻实战教学

浙江传媒学院新闻与传播学院视听媒介系以"大思政"育人的视角，将视听新闻实战教学融入庆祝建党百年、建设共同富裕示范区等红色主题，打造了《红村故事》《山村书记的大梦想》《在这里看见未来乡村》等一系列乡村振兴题材、红色教育主题的纪录片，将视听新闻实战教学融入共同富裕示范区建设的伟大

进程，培育了一批出色的新闻人才，并输送到浙江广播电视集团、杭州文化广播电视集团等主流媒体。

1. 红色主题：视听新闻实战教学得天独厚的资源

随着各级主流媒体"四力"践行的深入推进，广播电视学专业下的视听新闻教学，同样需要观照现实，紧跟形势，将教学内容化身为"走基层"实践，紧密融入共同富裕示范区建设的伟大进程。近年来，从大思政育人的角度，浙江传媒学院新闻与传播学院视听媒介系结合短学期实践教学、毕业作品联合创作和浙江省大学生多媒体作品设计大赛微电影（纪录片）赛道参赛作品的指导，

引导学生关注社会发展，走进火热的乡村振兴场景，把握视听媒介发展走向，适应社会与专业发展需要，在研究中学习业务，在实践中培育人才。

2. 项目实施：在实践实战中感受党的初心和使命

2020 年 9 月，视听媒介系在组织申报毕业作品联合创作立项时，首先启动了《红村故事》纪录片项目。在建党百年大庆即将来到之际，追寻中国共产党人在祖国大地上留下的光辉足迹，寻找小的切口以见证中国共产党百年光辉历程。正是在这样的指导思想下，2017 级飘萍班刘国秋团队找到了浙西南"一面穿过七十余载历史的老党旗"的故事。

《红村故事》以浙西南革命精神传播为背景，聚焦浙江省丽水市云和县安溪畲族乡黄家地村的党旗传承。通过对两代党旗守护者事迹的挖掘，利用采访与纪实相结合的手法，讲述这一面历时七十余载的老党旗如何带领黄家地村党组织排忧解难，走出大山，从"红色引领"到"红色文旅"，带领村民脱贫致富的故事。老党旗，承载着共产党人的信仰。从革命时期保存至今，旗帜上凝聚着不畏艰难、为人民服务的精神，引领着黄家地村党组织不断发展壮大，激励着他们乡村振兴的梦想。山村中的小故事映照出中国共产党人的初心，即全心全意为人民服务。

继《红村故事》之后，视听媒介系又先后于2021年、2022年组队拍摄了《山村书记的大梦想》和《在这里看见未来乡村》这两部乡村题材、红色主题的纪录片。2021年7月，2019级广播电视学1班黄永林、王昌辉、王灿鸿团队以湖州市德清县仙潭村党支部书记沈蒋荣带领村民发展建设"国际民宿第一村"的故事，拍摄了《山村书记的大梦想》。2021年9月，2018级广播电视学1班苏家远、何宜和2018级飘萍班陈迪新团队以湖州市德清县三林村党支部书记沈炳连带领村民发展建设未来乡村的故事，拍摄了《在这里看见未来乡村》。团队成员学生经过实战的磨炼，不仅练就了脚踏实地的作风，同时在记录的过程中，

体会到乡村建设和发展过程的矛盾及破解，特别是村党员干部的奉献精神，在专业锤炼的过程中，接受了实实在在的思想政治教育。

3. 项目成效："大思政"育人出作品更出人才

浙江传媒学院推荐《红村故事》报送第十六届全国党员教育电视片交流观摩活动和浙江省"始终和你在一起"短视频作品征集活动。与此同时，2021年6月，新闻与传播学院还在云和县融媒体中心联合举办了《红村故事：一面老党旗的传承》首发仪式暨浙江传媒学院实践基地授牌仪式，向云和县融媒体中心授予"卓越新闻人才培养基地"牌匾，向安溪畲族乡授予"大学生社会实践基地"牌匾。

　　《红村故事》在中国电视艺术家协会组织的第十五届小康电视节目工程评选活动中获评庆祝建党百年主题对农专题节目好作品，受丽水市委推荐，参加2022年全省党员教育电视片观摩交流活动。《山村书记的大梦想》获第二十届浙江省大学生多媒体设计竞赛一等奖。秉持"出好作品更要出优秀人才"的理念，参与采访拍摄团队的毕业生也陆续进入主流媒体，成为新闻工作者队伍的骨干，或者进一步学习深造。如《红村故事》团队的刘国秋、李吉理分别进入杭州文化广播电视集团新闻频道和西湖之声频道担任记者和主持人；《在这里看见未来乡村》团队的何宜进入浙江广播电视集团浙江之声担任记者，苏家远被澳门科技大学录取。

五、在地艺术：介入社会的摄影艺术

　　"濮院时尚小镇在地艺术"项目以浙江传媒学院设计艺术学院傅拥军老师主持的首批国家级一流社会实践课程"报道摄影与图片编辑"为载体，通过举办有当地场景特色的纪实与时尚结合的影像艺术展，探讨和研究艺术项目如何服务在地社区。该项目特设主题为"纪实与时尚"，在全国摄影驻地项目活动中属首次提出，具有很强的话题性和前瞻的学术价值、社会价值。比如100个濮院故事就是以培养团队骨干、开展校内实训、开拓校外服务、参与摄影竞赛、举办成果展览、专注项目拓展、推动国际合作等环节开展的课程实践实战，增强了学生思想引领和价值观塑造的实效性。

　　"濮院时尚小镇在地艺术"项目通过摄影艺术介入社会实践，以田野影像调查为基础，深入社会现场，发现问题，完成摄影项目，并利用新媒体平台进行有效传播，具有很强的操作性和可行性。在实践实战中充分融入当代摄影的

100个濮院故事 手工书、专题展等

价值观——"为人民、为社会、为时代",让年轻摄影师走出"小我",深入国家发展现场,感受国家发展变化,建立青年一代的社会担当意识,为国家乡村振兴和和谐社区营造出力。

1. 以课程为实践实战载体

在"报道摄影与图片编辑"课程实践实战中，"濮院时尚小镇在地艺术"项目团队带领学生寻访深耕濮院本地的各领域杰出人物做口述历史采访，展现"濮院人眼中的濮院"，比如他们拍摄采访了持续拍摄濮院 40 年的资深摄影师苏惠民老师。学生通过苏惠民老师的照片和讲述，不仅了解了濮院的发展历史，也从中收获到纪实摄影的知识和经验。随后，"濮院时尚小镇在地艺术"项目团队布置每一位学生按抽签号码采访拍摄 1—100 岁的濮院人。通过这门课程带领学生完成的选题还包括 100 本关于"濮院故事"的摄影手工书；100 个濮院年轻人的肖像拍摄和采访，每一个人都回答了"为什么留在濮院"这个问题；另外还拍摄了一些纪录短片。

100 个濮院人肖像 1-100岁

2. 以研究项目为实践实战媒介

2022 年 5 月 25 日，"纪实与时尚"濮院在地艺术项目开启创作模式，三位入围项目的摄影艺术家徐盛哲、陈浩、高美琳，以及入选的三位桐乡本地摄影师李剑铭、吴炳学、徐春美，在濮院展开了艺术创作。当天下午，驻地艺术家在浙江传媒学院桐乡研究院给浙江传媒学院摄影系同学上了一堂精彩的创作分享课，他们分别分享了代表作品、创作经历及前期对濮院的调研和拍摄计划。本次分享课还通过视频号、哔哩哔哩号进行了直播，线上有超过 5000 人观看。

为什么留在濮院？
关于100位濮院年轻人的影像调查

关于濮院故事的摄影作品多次在全国摄影艺术展等重要奖项上获奖

3. 利用互联网平台展示实践实战成果

围绕项目目标，积极拓展实践实战成果展示渠道，在今日头条、澎湃新闻、浙视频、腾讯大浙网等互联网平台发布和传播优秀课程作品，让学生更好地理解网络时代媒体的运行规律和影像传播趋势。同时，学生通过媒体和社会大众的反馈进一步优化作品，提升自我能力和课程的社会知晓度。

近四年时间里，"濮院时尚小镇在地艺术"项目参与者中有两位学生入选第二十七届、第二十八届全国摄影艺术展览，一位学生入选浙江省视觉艺术青年人才培养"新峰计划"，一位学生入围徐肖冰杯大学生摄影展，十多位学生在浙江省大学生摄影竞赛中获奖。

六、"603 实验室"：卓越工程师的实战空间

浙江传媒学院媒体工程学院的"603 实验室"是以新工科为主体，以新工科与新文科多学科融合发展为目标的一个跨学院合作、学生媒体技术综合实践实战能力培养基地，让学生在实验实战中培根铸魂、提升技能一直是"603 实验室"建设和培养工作的使命。

1. 以赛代练，实战中提升专业技能

实验室以浙江省一流学科"信息与通信工程"，国家一流专业建设点"网络工程""数字媒体技术"等为基础，整合学校其他优势专业学生，构建一个以新工科为主体，将技术与工程教育和艺术人文教育相融合，兼顾新工科、新文科的协同发展，以通信网络新技术、人工智能以及媒体交互为主要技术研究方向的创新创业基地，确立了"新技术引领、一专多能"的能力要求，以提升

学生的专业技能。

实验室一直秉持以赛代练的培养理念，建立以学科竞赛为中心的全方面能力培训机制，通过学科竞赛项目的训练、竞赛以及总结过程，全方面培养和锻炼学生的综合分析解决问题能力、软硬件动手能力，以及文献检索能力、文档处理能力、语言表达能力（立项答辩、参赛答辩）等。

2. 思政引领，实战中积累后劲

针对新时代新形势下的高校学生特点，在实验室建设上，以学生的兴趣爱好为引导，建立了一套涵盖"招新、培训、协作、提升以及就业"的全流程化的科研创新培训和管理体系，建立不同年级、在校生与毕业生之间的"传、帮、带"培训机制，通过学生言传身教大大提高了学生的专业学习兴趣，并改善了在校学生的学风。

作为师生共建的学生创新创业基地，"603实验室"是实验中心党支部探索"党建引领、基地带动、科研突破"育人模式的一个范例。支部党员教师为大学生电子设计竞赛、智能车竞赛、程序设计大赛、数学建模竞赛、网络与信息安全

竞赛等赛事提供设备保障和技术支持；积极开展校企合作协同育人，带领多批次学生赴数十家公司实习实践、开展支部共建。同时，在日常的实验室管理中，实验室团队教师对学生日常生活、学习等环节的全方面管理，提升了学生对于团队的归属感和荣誉感，强调思政进实践和作品思政，实现对理论教学的高效支撑和有益扩展。

　　3. 构建桥梁，紧跟时代发展

　　借助过往实验室毕业生在先进互联网企业所接触到的先进技术和对当前技术发展方向的感悟，在毕业生与在校生之间建立学术前沿讲座、技术交流会，让学生了解和掌握目前技术发展的前沿技术和方法，使学生紧跟传媒相关技术产业的时代发展。此外，还借助实验室教师团队以及升学深造学生与其他高校学生科研创新团队的联系，在技术研究和科研创新上与国内外知名高校，如北京邮电大学、杭州电子科技大学等，建立协同研究和技术交流机制，进一步提升学生科研创新的技术水平。

4. 构建网络，提升就业和升学质量

借助毕业生建立的就业网络与升学网络，以及优秀毕业生在企业和高校中建立的良好口碑，采用实习引荐、岗位内推等机制，建立一套完整的学生就业、升学深造以及创新创业的服务体系，形成良好的反哺现象，大大提升了学生就业的层次。结对帮扶困难学生，不仅在生活上对他们进行关心，更是引导他们学习专业技术，帮助推荐就业单位，真正把帮扶工作落实到位。在浙江网新恒天软件有限公司工作的 2016 级广播电视工程专业王兴伟同学感激地说："我在 603 实验室学习了三年，老师们无论是在生活学习上还是学科竞赛上，都给了我很大的帮助。"

成立于 2008 年的"603 实验室"已斩获众多实验实战奖项，硕果累累。①学科竞赛成绩显著，培养的学生获得国家级学科竞赛奖项 21 次，浙江省教育厅认证学科竞赛奖项 176 次。②建立了一套行之有效的师生协同科研创新体系，科研成果突出。师生共同申请 25 项发明专利（已授权 10 项），4 项软件著作权，师生共同完成学术论文 5 篇，其中 JCR1 区 2 篇，JCR2 区 1 篇，中文核心期刊 2 篇。③通过实验实战，培养学生的自主创新和创业能力，大大提高了学生就业水平和升学质量。目前，实验室已经培养毕业生 400 余名，其中就职于阿里巴巴、腾讯以及字节跳动等国内超大型互联网公司的学生超过 30 人，在网易、京东、海康、大华等大型互联网企业就业的学生超过 100 人，整体就业水平达到省内专业性工科院校研究生水平。实验室的同学自主创业 11 家企业，遍布上海、深圳、广州以及杭州等一线城市，创业成果斐然。升学深造成果显著，14 年间，70 余名学生考取国内外知名高校研究生，8 名学生被录取为国内外院校博士研究生。

精彩回放五：打造有宽度的融媒育人空间

　　媒体融合是当今媒体生存发展、赢得未来的必由之路，也是进行学生思想政治教育、培养卓越传媒人才的重要手段。构建大思政育人格局，必须立足浙江传媒学院学科专业特色，着力打造有宽度的融媒育人空间，既要推进媒体深度融合、做大做强校园主流媒体，又要加强政产学研用一体化合作，积极参与全国性活动报道，不断探索学生思政教育新途径。

一、融合媒体：拓展育人校内生态圈

　　2016 年 11 月，浙江传媒学院整合校报、校网、电视台、电台、官微、官博等校园主流媒体，在全国高校中率先成立全媒体中心。2019 年进一步整合学校资源，成立全媒体实验创新中心，从"全""融""移"等方面深入推进校园主流媒体融合发展，着力打造媒体新旗舰，拓展育人校内生态圈。

　　1. 着力打造旗舰新媒体

　　为了适应全媒体的快速发展，应对新闻舆论工作面临的新挑战，浙江传媒学院在"全"字上做文章，通过整合多个校园媒体，逐步实现全媒体的无缝对接、

灵魂交汇与同频共振。通过这些新旧媒体的不断融合，逐步打造出具有浙传特色的校园媒体新旗舰——未来之声。形成了立体多样、融合发展的现代传播体系，进一步壮大了学校主流舆论阵地，形成了强大舆论磁场，提高了舆论引导能力，增强了校内外传播话语权。

　　媒体融合，关键要在"融"字上做文章。浙江传媒学院通过"请进来、走出去"的方式，加强对各媒体工作人员的培训，并到《人民日报》、浙江大学等媒体一线、兄弟院校学习调研。投入 500 多万元建立了 400 平方米的媒资生产中心和 400 平方米的浙传云平台等高端实验场所，把所有媒体整合到一起，实现内容生产、渠道发布、内外管理上的一体化；坚持内容为王，充分运用图文声频等多媒体手段，立体化展示议程，全力打造融合产品。

　　随着 5G、大数据、云计算、物联网、人工智能等先进技术的不断发展，移动媒体进入了加速发展新阶段，移动互联网已成为信息传播主渠道，抢占移动

媒体的制高点已成为高校校园媒体发展的重中之重。浙江传媒学院充分发挥传媒学科专业优势，集中所有人员、资源精心打造官方微信，推出众多图文音视频产品，进一步做大做强官方微信，使其成为彰显媒体融合的拳头产品、展示学校美好形象的优质平台。

2. 拓展育人生态圈

浙江传媒学院深入学习贯彻落实习近平总书记关于新闻舆论工作的重要论述，始终将马克思主义新闻观教育和实践贯穿于媒体运营、学生培养、社会服务全过程，贯穿于全媒体采、写、编、播各个环节，全面落实到每一篇推文报道、每一个版面页面、每一帧画面镜头中，着力培养高素质传播人才。

（1）练就融媒技能"八仙过海"，提升传播能力

在移动互联网时代，新媒体传播技术层出不穷，报道内容形式丰富多彩，师生使用手机看资讯、刷微博、发微信、看视频、听音频成为常态，互联网媒体传播的及时性和交互性对融媒体内容生产和专业能力提出了更高的要求。面对媒体格局大调整，浙江传媒学院坚持移动优先策略，电视台、电台、校报、校网、微信、微博、头条号、抖音号各阵地根据平台属性、受众特点主动进行议程设置。各平台从相加到相融，实现内容生产发布、媒体运营管理的资源整合和优势互补，创新内容载体、实现分众传播，广泛创作微视频、微音频、优质图文、H5、小程序等融媒体产品，努力将智能手机端打造为移动的思政育人终端，在内容生产、媒体运营实践中切实提升学生融媒传播能力。

（2）加强校媒合作"借船出海"，传播浙传好声音

浙江传媒学院坚持校内、校外传播双驱动，主动对接社会主流媒体、新媒体平台，借助社会媒体平台登高望远、借船出海，积极做好融媒外宣报道，为学校改革发展营造了良好的舆论氛围与外部环境，有力地弘扬浙传主旋律、传播浙传正能量、凝聚浙传精气神。积极宣传学校全员育人、全程育人、全方位育人优秀成果，将理想信念教育、社会主义核心价值观、中华传统优秀文化等内容有机融入立体传播体系，每年在"学习强国"学习平台、中央电视台、《人民日报》、新华社、《浙江日报》、浙江卫视等社会媒体发表融媒体优质产品600多篇（部）次。

二、校地合作：开辟融媒育人校外新空间

浙江传媒学院在建设好"报、网、声、微、频"全媒体传播矩阵的基础上，积极融入国家和地方新闻报道，提升社会服务能力，拓展人才培养渠道。通过

参与校内外、多层次、全方位的新闻实践，引导传媒学子不断厚植家国情怀、坚定"四个自信"，锤炼自身过硬的脚力、眼力、脑力、笔力，成为国家高素质传播人才队伍的后备军。

1. 建设央视浙传融媒中心

2018年9月，浙江传媒学院与中央电视台新闻中心经济新闻部合作成立央视浙传融媒体中心，成为学校与中央广播电视总台联合创建的高端融媒体实验室，为学生进入国家级媒体实践实训搭建了重要平台。学生可以全程参与央视新闻报道，深度参与选题挖掘、策划、制作等节目全流程，共同探索青年大学生参与国家重大新闻事件报道的新模式，并创作了大量优秀作品，对树立中国形象、扩大国际影响发挥了积极作用。

央视浙传融媒中心的成立为浙江传媒学院卓越传媒人才培养开辟了新的空间，也产出了一批批有影响力的创作成果，扩大了浙江传媒学院的社会影响力。央视浙传融媒体中心团队成功参与中国首届国际进口博览会、2019年春运、2019年两会、中国发展高层论坛、纪念五四运动100周年等国家重大事件宣传报道，创作了《"我"从海上到上海》《进博记忆 | 最舍不得删除的照片》《纸短情长：我最大的遗憾与你有关》《年轻是什么，0—100岁的回答》《十四亿人，每个你都算数》《与失败有关的900多个日夜，我们马不停蹄，只为一个答案》等优质现象级短视频，登上中央电视台综合频道、新闻频道大屏和央视新媒体端，产生了广泛的社会反响，充分展现了浙传师生团队良好的新闻素养、精湛的融媒体采编创作能力。

2. 加强校地深度合作

浙江传媒学院充分发挥传媒学科、专业与人才优势，加强与国家广播电视总局，浙江省广播电视局，浙江省广播电视集团，杭州市、钱塘区等政府部门的合作，为学生成长成才搭建广阔舞台，既锻炼了学生的专业技能，也为地方经济社会发展做出了贡献。

　　浙江传媒学院与国家新闻出版广电总局广播科学研究院合作成立并积极推进"媒体智能传播技术研究实验室"建设。与浙江省广播电视局合作成立"浙江省广播电视和网络视听培训中心""浙江传媒学院网络影视剧评审中心"，推动浙江广播电视产业高质量发展，为学生专业成才提供重要平台。与浙江政务短视频联盟签署了战略合作协议，就影像内容策划服务、短视频培训服务、宣发定制服务、官方代运营服务、融媒数据库服务等新兴媒体上的宣传推广及制作各项工作进行合作。

与钱塘区(原杭州经济技术开发区)保持着长期的友好合作关系,《下沙资讯》栏目自 2011 年创办至 2018 年底, 在杭州电视台播出 1100 多期, 为学生实践实训搭建了良好平台。2019 年初《下沙资讯》改为"钱塘(新)区视听平台", 每年制作大量视听作品, 为讲好钱塘故事、传播杭州好声音做出了积极贡献。

3. 精准对接头部企业

培养高素质传媒人才, 必须高度重视与科大讯飞、网易等头部企业的合作, 千方百计拓宽育人渠道。近几年来, 浙江传媒学院与多个头部企业建立合作关系, 为学生成长成才搭建了重要平台, 对学生创新创业发挥了积极作用。

浙江传媒学院与网易公司合作成立"浙江传媒学院网易产业学院", 聚焦数字文化等数字经济领域, 展开人才培养、科研创新、产学融合等深度合作, 为校企双方进一步开展多层次、多形式、多领域合作, 实现校企资源有机结合与优化配置, 共同培养企业发展需要的人才提供了新途径。与北京字节跳动科技有限公司合作成立浙江省短视频学院, 在新媒体、短视频、互动娱乐等领域实现深度合作。与华数集团成立华数浙传实习基地, 实现强强联合, 共同创造价值, 共同推进传媒行业创新发展, 共同建设新时代产教融合的典范, 为建设文化强省增光添彩。与科大讯飞股份有限公司签署智能媒体工程研究中心合作协议, 通过整合优质资源, 着力提高教学数字化水平, 提升科研创新能力, 构建"AI+ 媒体"新生态, 培育高水平人才, 创新人才培养模式, 搭建产学研用一体化服务平台, 进一步促进合作交流、实现互利双赢。

精彩回放六：打造有亮度的校园文化育人氛围

浙江传媒学院创设育人环境，以新建校园别样图书馆、共享学习社区等为载体，创办了"浙传阅读""思维理疗馆""阳光微团课""星空下的分享"等一系列具有传媒特色的校园文化品牌，培育和凝练了晚会文化、典礼文化、公益文化等一大批校园文化活动和成果，多场景、沉浸式形塑学生的思想，实现了以文化人、以文育人，营造了成风化人、师生共建共享的校园文化育人氛围。

一、互联网思维打造思想引领品牌：阳光微团课

一堂三分钟的"阳光微团课"，点击量达 24786 次，点赞 971 次，进入"团中央部门及全国省级团组织单周文章阅读量排行榜"。"我们就喜欢这样的微团课。换了一种方式，激发了大家对思政课的更多热情，而且又是网络授课，给了我们更多的时间选择。像这样的课，我看了不止一遍。"浙江传媒学院设计艺术学院 2016 级摄影 2 班段山丹的感受代表了很多同学的心声。以打造全国首创的思想引领品牌为目标的"阳光微团课"一经播出，就让浙江传媒学院的大学生像追剧那样追"课"分享。

阳光微团课每期精选一个思想正能量话题，邀请社会知名人士、校内优秀师生或工作人员结合自身经历或感悟，利用3—5分钟进行讲述，通过优美的文字和镜头，将思政与艺术、课堂与电影、观点与镜像相互结合，用"接地气"的语言和内容提高广大青年团员的认同度。节目在团省委官方微信公众平台"青春浙江"和"浙江传媒学院""青春浙传"等公众号交替播出，自2017年开播以来，反响热烈，被誉为"生动的人生课，行走的价值观"。

微团课把思维的阳光注入理应更加充满活力的团课，把枯燥的工作变得好玩，把生涩的道理讲得有趣，不仅受到了学生的欢迎，参与制作的师生也收获很大。微团课的制作与播出，是素质能力的历练，同时也是思想认知的提升。师生创作团队带着疑问摸索，现学现用，不断推倒重来，乐在其中、学在其中，在悉心倾听之中将价值理念内化于心，外化于行。

二、在服务活动中引育学生："团团家族"

"团团家族"是浙江传媒学院开展"一点阳光"青春领航计划中的一个线下服务学生的文化品牌。根据现在团员青年特点，用学生的话语方式，喜欢的星座、血型、偶像、性格、卡通形象等元素，对六种服务活动设计了角色鲜明的六位卡通人物，作为服务的领航员。

比如团委新闻发言人，"团团家族"中的大姐"团小思"，外号思姐，以校园文化、思想美文、活动记录为主要服务内容，通过文字、图片、视频等多种形式进行展现，引领团员青年新理念，传播校园正能量。"团小青"通过对优秀志愿者及优秀项目的介绍，营造奉献、友爱、互助、进步的校园文化氛围。"团小团"通过定期推送精彩活动，为同学们树立社团风向标，促进校园文化

建设。"团小艺"通过与艺术名家、行业专家进行访谈式交流，探寻成功的路径，倾听人生感悟，为同学们呈现艺术人生的榜样力量。"团小律"通过以文明修身为主题的熔炼活动，增强寝室凝聚力和团队协作力，促进和谐寝室的建设。

"小维日志簿"在学生微信中颇受欢迎，先后帮助解决了学生寝室卫生、运动世界App、网速、校园安全、第二课堂加分等相关热点问题。它的作者就是"团团家族"中的"团小维"，其因高效率而迅速成为"团团家族"的第一个明星。"有需要找小维"已经深入人心，仅一个学期，"团小维"便接收到991人次提出请求解决问题的诉求。"团小维"及时跟相关部门联系寻求帮助，共解决969人次的问题，问题解决率高达97.5%。

　　像这样的服务在"团团家族"中共有六大类，其他五类分别是"遇见团小思""益塑家""小团社彩城""艺沙发""小律筑文明"。服务活动开展前后都会采用视频、音频、图文等有传媒特色的表达形式，带领青年学生感受青春正能量，进一步增强团员青年的先进性和光荣感。通过这样一系列的线下品牌活动，引导团员青年深刻理解习近平总书记对广大青年提出的坚定理想信念、练就过硬本领、勇于创新创造、矢志艰苦奋斗、锤炼高尚品格五个方面的重要要求，积极践行社会主义核心价值观，在青春建功中发挥模范带头作用。

三、一场人生的成人礼：典礼文化

　　高校的开学典礼和毕业典礼是一个大学人文精神的高浓度展示，是一个大学历史文化的继承发展，更是一个大学自己独特的精神呈现。随着自媒体的发

展壮大，越来越多高校开学和毕业典礼的视频被上传到互联网，让大学的典礼文化受到广泛的关注。

浙江传媒学院的开学典礼往往和盛大的迎新晚会融为一体，用精彩、专业的晚会让大一新生一入校门便能体会浙传的校园文化氛围和专业特色，成为新生来到浙传的"第一课"。"筑梦传媒　强国我在""浙传缘，青春梦""阳光七星　魅力传媒""传媒先锋·强力助威——四大主持回母校"等等，每一年的主题都令人眼前一亮。浙江传媒学院以此作为见面礼，希望同学们能带着对社会主义现代化建设的责任，去重新审视自己的大学生活。希望新生能够胸怀大局，眼里有光、心中有爱，脚下有路、体魄有能，文明有礼、学业有成，以青春之名唱响新时代青春之歌，在浙传舞台上展现自己的青春风采。而在毕业生即将离校时，通过毕业典礼为同学们点亮继续前行的明灯，指点航行的方向，在大学聆听的最后一次教诲，像一次成人礼，上完大学里最后一堂课后，就要洗掉身上的稚气，作为一个成年人到社会上去拼搏奋斗。

浙江传媒学院的开学和毕业典礼都由师生共同创作筹备。典礼活动的特殊仪式感能让同学们一起产生共鸣，对母校的情感产生爆发式的增长，成为学校大思政育人的重要方式之一。同学们佩戴上校徽，高呼校训，从这一刻起与学校血脉相连。有"大家长"书记校长的谆谆教诲和温情叮嘱，还有用四年1337个日日夜夜的陪伴与付出，为同学们传道授业解惑的教师，他们将课堂搬上这些典礼的舞台，为同学们带来直抵心灵的"开学第一课"或者"最后一课"。有优秀的学长学姐讲述自己的梦想，有明星校友重温美好时光，勉励刻苦学习，一起分享喜悦，分担忧愁，共筑美好的大学回忆，参与师生常常在典礼上流下激动的热泪。典礼活动通过浙江传媒学院官方视频号、抖音号同步直播，同时得到中国蓝新闻客户端、中国蓝新闻官方微博支持，获得多家主流媒体重点关注及转播，极大提升了浙江传媒学院美誉度和影响力。

四、"移动的思政课"：校园原创歌曲

浙江传媒学院师生共同创作的以中国梦为主题的歌曲《向青春致敬》成了"移动"的思政课堂。歌曲用叙事的手法，抒发青春成长中的情感起伏，展现新时代青年学子遨游知识海洋、追寻人生理想、融入时代洪流，为中国梦青春建功的鸿鹄之志。

这是新时代新青年对于青春的一次诠释，是难能可贵的师生共同创作的经历，更是一次令人感触良多的思政教育。在构思过程中，创作团队查阅并参考了大量的作品，老师和同学们在这个过程中更加理解了歌曲的含义和每一句歌词所蕴含的期望。对于参与拍摄制作的每一个浙传人而言，这不光是一次课外实践，更是一节"移动的思政课"。朗朗上口的歌曲带来的是活力与希望，一字一句都在告诉大家如何做"新时代新青年"，一听到便会让人不由得挺直腰杆、笑容洋溢。奋斗的青春是美丽的模样，散发着新时代青年的荣光。歌曲着重体现新一代浙传学子砥砺前行、向阳生长的奋斗足迹；希望借助光影的力量，鼓舞浙传莘莘学子不忘初心，满怀梦想和希望，迎春起航，让奋斗的青春呈现最美丽的模样！

奋斗的青春

作词：杨立平　作曲：王保华

奋斗的青春是美丽的模样

散发着新时代青年的荣光

奋斗的青春是前行的航帆

承载梦想遨游幸福的海洋

历练生命的成长

练就坚实的臂膀

历经海浪的搏击

经受人生的远航

青春的韶华

是晨曦的霞光

青春的激昂

是磅礴的力量

青春的朝阳

点燃明天的希望

青春的汗水

成就生命的辉煌

我们是新时代的新青年

昂首阔步

奋进在路上

宏图伟业　铁肩担当

火热激情　发热发光

活力创新　成就梦想

把青春名字刻在

刻在中国梦蓝图上

火热激情　发热发光

活力创新　成就梦想

把青春名字刻在

刻在中国梦蓝图上

五、洗涤心灵的听觉盛宴：新年音乐会

新年音乐会是浙江传媒学院公共艺术教育部自2018年打造的校园文化品牌。该项目以学校交响乐团为核心，结合乐团团训，培养艺术展演与艺术创作人才；联动第一、第二课堂，将理论教学与实践教学双贯通，注重提升大学生的演奏艺术修养，提高创新和团队协作的能力。

浙江传媒学院新年音乐会在疫情防控期间也不曾间断。2021年，采用网络直播方式举办"云上音乐会"，在激昂热烈的管弦乐合奏《北京喜讯到边塞》

中拉开序幕，各个节目相继上演、精彩纷呈。弦乐与钢琴重奏《祈祷》铿锵有力、悦耳动人，增强了观众战胜新冠疫情的信心；萨克斯四重奏《一步之遥》旋律动人、节奏明快，表达了人与人之间的美好情谊；双钢琴演奏《降 E 大调第三交响曲：英雄》第一乐章选段展现了人民勇敢乐观的斗争精神和坚强赤诚的英雄品质；室内乐《炎黄风情》呈现出一幅色彩绚丽的南北音乐画卷；《百年赞歌》歌颂了中国共产党成立 100 年来的光辉历程与丰功伟绩；弦乐四重奏《岁月芳华》用动人的音符演绎峥嵘岁月，致敬民族英雄；管弦乐合奏《龙舌兰》《经典交响曲主题联奏》《康康舞曲》欢脱活泼、震撼人心；最后在刚劲有力的返场曲目《拉德斯基进行曲》中完美落幕。这场音乐会观看人数突破 39.9 万人次，给观众带来了一场难得的视听盛宴。

新年音乐会通过持续打造充满青春气息的艺术演出，讴歌新时代，礼赞祖国，答谢社会，彰显浙江传媒学院悠久独特的人文底蕴，展现浙传人奋发向上的精神风貌。

六、沉浸式的廉洁文化："清风颜品"

浙江传媒学院围绕清廉主题，厚植各学院专业优势，依托播音、摄影、表演、设计品牌专业，将清廉文化浸润到表演艺术、书画摄影、艺术设计、视频创作等艺术作品中，打造了"清风颜品"文化品牌，吸引了全校师生共同参与，纵深推动了清廉浙传建设。

"清廉书信""清廉作品展""清廉剧本""清廉声音""清廉创作"等一系列紧扣时代发展脉搏、具有传媒特色的清廉文化品牌项目陆续推出。"清廉书信"使校友（毕业生）深刻认识到在即将离开母校之际要常怀敬畏之心、感恩之情，从自身做起，崇廉拒腐，始终保持工作行为的廉洁性，筑牢廉洁从业底线。"清廉作品展"以摄影、篆刻、画作、书法等作品为载体，浓墨重彩地体现出浙江传媒学院教师"立德树人"的职业情怀，追求真善美的清廉理念。"清廉剧本"用剧本讲述清廉故事。"清廉声音"用年轻的声音传递着新时代先锋的力量，"廉政书屋"营造后勤廉洁文化。

"清风颜品"全方位、特色化助推营造风清气正的清廉校园文化，打造以清为美、以廉为荣的清廉环境。唱响主旋律、传播正能量，师生在"润物无声"中接受着清廉文化的熏陶和教育。

七、文化育人新空间："思享998"学生共享文化社区

浙江传媒学院与杭州移动公司共建的"思享998"学生共享文化社区集学习、交流、阅读、分享等功能于一身，融浙传的颜值、文化的品位、文艺的范儿于一体，是浙江传媒学院坚持以人为本、尽心服务师生的重要体现。白墙绿丛，素雅明亮，学生在这里或读书，或交流，在自然景观与人文艺术的完美交融中，享受着游园般沉浸式的艺术体验。

共享社区成了浙江传媒学院师生交流情感和激发灵感的文化空间，学生们修养身心和提升自我的精神家园。学生们利用共享空间打破了学院、专业、年级的界限，把好想法转化成文化创意、影视创作、就业创业的好项目、好作品、

好成果，把想象力、创作力、青春力转化为追逐梦想、报效祖国的奉献力。"思享998"学生共享文化社区为师生们阅读学习、互动交流、开会研讨提供了一个新场所，成为浙江传媒学院校园文化育人的一张"新名片"，一道亮丽的"风景线"。

Part Four

第四章

成长成才　硕果缤纷

浙江传媒学院以习近平新时代中国特色社会主义思想为指导，坚持社会主义办学方向，紧紧围绕"培养什么人、怎样培养人、为谁培养人"这个根本问题，构筑了有利于学生成长、成人、成才、成功的内外环境，培养了一批勇于担当、甘于奉献、德艺双修的传媒人才。注重"思创"融合，实现了各类创作与"思政课程"同向同行，产出了一批具有浙江地标的音乐剧、影视作品等艺术创作成果。

浙传学子志愿服务勇担当

浙江传媒学院拥有在校注册志愿者 14000 余人，新生的志愿者注册率 100%。志愿者们关注社会弱势群体，深入养老院、福利院等送去温暖，体现青年一代的人文关怀；积极参与社会公共事业，开展环境巡查、咨询引导等服务，体现青年一代参与社会服务的责任担当；充分发挥专业优势，赴博物馆、文化馆、

图书馆等地提供讲解服务，为社会公益事业贡献力量；聚焦国家发展及社会建设，转化传媒力量助力乡村振兴、共同富裕等伟大事业，展现青年一代助力实现中华民族伟大复兴中国梦的坚定信念，赢得了社会各界的广泛赞誉。

一、G20 杭州峰会志愿服务

浙江传媒学院严格按照相关部门的要求，通过为期四个月的"两轮面试＋三轮测试"程序，从 1593 位报名者中选拔出外语水平高、形象气质佳、工作能力强、综合素质高的 113 名志愿者。同时，在全校范围内选拔政治素养高、个人能力强、身体素质好的志愿者教师领队 4 名。

　　浙江传媒学院 113 名志愿者隶属杭州市国际博览中心（新闻中心）志愿服务大队，主要服务于杭州市国际博览中心的新闻中心场地。该区域是信息发布、公共信号提供和记者工作的主要场所，对应用人部门为外交部新闻司、G20 杭州峰会新闻宣传部等重要宣传部门。

　　G20 杭州峰会期间，浙江传媒学院志愿者共接受媒体采访 80 余次，其中央视、新华社、《人民日报》、《光明日报》等国家级主流媒体采访 43 次，省级市级媒体采访 32 次，议题主要集中在新闻中心功能区介绍、志愿服务岗位介绍、志愿服务感想等方面。浙江传媒学院志愿者几乎占据了所有主流媒体头版，网络媒体采访的点击率都基本保持在 15 万以上。

　　浙江传媒学院志愿者端庄得体、美丽大方，吸引了国内外媒体的广泛关注，

以最靓丽的精神面貌、最严谨的工作态度、最出色的服务质量为 G20 杭州峰会
交上了一份满意的答卷。

二、世界互联网大会志愿服务

自 2014 年首届世界互联网大会召开以来，浙江传媒学院连续八年派出共计
1759 名志愿者参与其中，岗位涵盖重要嘉宾接待、会场及活动礼仪、会场及活
动翻译、记者接待及新闻中心、景区道路引导、酒店服务、交通安全等。

在第二届世界互联网大会上，浙江传媒学院志愿者、播音主持艺术学院闫鑫、张惠萌为国家主席习近平和时任俄罗斯联邦政府总理梅德韦杰夫提供引导服务。在2015年和2021年世界互联网大会承办工作总结表彰会上，浙江传媒学院志愿者郭赛男、周晓彤分别作为世界互联网大会志愿者代表进行了交流发言。

浙江传媒学院"小梧桐"以严谨真诚的服务态度，热情体贴的服务意识，规范得体的服务方式，赢得嘉宾的赞许。社会各界给予浙江传媒学院"小梧桐"及其志愿服务工作高度评价，浙江传媒学院优秀的志愿服务组织能力及参与力度也受到了社会舆论的高度关注及广泛好评。浙江传媒学院连续八年获得"志愿服务突出贡献集体"荣誉称号，数百名师生被评为世界互联网大会"志愿服务突出贡献个人""志愿服务先进个人""组织工作先进个人"等。

三、疫情防控志愿服务

2020年伊始，新冠疫情席卷全国。党中央多次召开会议，向全党全国发出打赢疫情防控阻击战的战斗号角。浙江传媒学院第一时间建立应急响应机制，组织动员广大青年参与防疫志愿服务工作，引导返乡学子投身基层疫情防控，鼓励在校学生发挥专业优势，创新志愿服务形式，为坚决打赢这场疫情防控阻击战贡献青春力量。

浙江传媒学院青年学子积极报名参与本地社区防控志愿服务，协助完成出入登记、体温测量、社区消杀等工作。疫情防控期间，浙江传媒学院共有319名学子参与基层疫情防控志愿服务，累计服务时长16000余小时，累计募集善款近 80 万元，直接和协助捐赠口罩、防护服等医用物资 36 万余件。在基层疫情防控中践行着"奉献、友爱、互助、进步"的志愿服务精神，展现了浙传学子的大爱与担当。

疫情防控期间，浙江传媒学院学子尽所学所能，将专业优势转化为行动力量，创作新闻时评、宣传海报、防疫动画、抗"疫"视频等作品 500 余件，助力疫情防控宣传工作。新闻与传播学院 2017 级飘萍班团支部的时评作品在中国青年网、央视视频号"玉渊潭天"等多个平台推广分享。动画、设计专业学子创作抗"疫"主题动画、海报作品 300 余件。摄影、摄像专业学子运用镜头力量记录抗"疫"故事，创作摄影、摄像作品百余件，定格不为人知的抗"疫"瞬间。

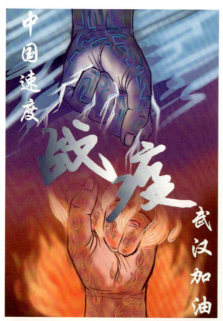

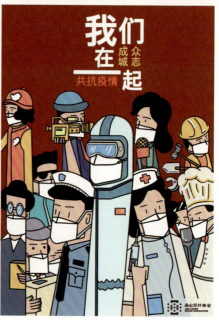

摄像专业的王奕皓同学拍摄的 20 余件摄影作品被《法治日报》、光明网等媒体刊发，他的抗"疫"志愿事迹也被《浙江日报》报道。浙江传媒学院学子通过艺术创作的形式服务防疫宣传工作，先后被人民网、新华网、光明网、中新网、中国教育在线、"学习强国"学习平台等主流媒体报道，总阅读量超过 10 万人次。

青年学生服务基层边疆献青春

浙江传媒学院以多种形式开展就业育人主题教育系列活动，帮助毕业生树立正确的职业观、就业观和择业观。培养学生家国情怀，鼓励毕业生到初创企业工作，到三、四线城市工作，到中小微企业工作，引导青年学子服务艰苦地区、到基层建功立业，帮助他们自觉地把个人的理想和现实的需要结合起来，在基层和边疆中奉献青春力量。

一、基层就业彰显价值

浙江传媒学院加强形势教育、择业观教育和政策宣传解读，引导毕业生转变观念，以国家发展战略为牵引，加大基层就业项目的宣传力度，用足用好浙江省已出台的各项稳就业政策，确实把对大学生就业创业的关心关爱传递到每个学生中去。浙江传媒学院各二级学院从讲政治的高度，精心组织落实好"西部计划""三支一扶""西部专招"等基层服务项目和大学生征兵工作。

近三年来，浙江传媒学院毕业生基层就业有 27 人，其中 2020 届毕业生基层就业 7 人，2021 届毕业生基层就业 9 人，2022 届毕业生基层就业 11 人（见

表4-1）。

表4-1　浙江传媒学院2020—2022届毕业生基层就业情况

毕业生基层就业情况		人数
2020 届	大学生志愿服务西部计划浙江省项目办	3
	新疆生产建设兵团第八师石河子市教育局	1
	重庆市奉节县青少年校外活动中心	1
	泾源县妇女联合会	1
	五峰土家族自治县人民政府扶贫开发办公室	1
2021 届	大学生志愿服务西部计划浙江省项目办	6
	三支一扶	3
2022 届	大学生志愿服务西部计划浙江省项目办	10
	三支一扶	1

二、"两项计划"服务社会

　　"两项计划"志愿服务旨在鼓励和引导高校毕业生到西部基层以及浙江省山区、海岛、边远地区，开展为期1—3年的志愿服务。志愿服务内容涉及基础教育、"三农"、医疗卫生、基层青年工作、基层社会管理、服务新疆、服务西藏等专项行动。浙江传媒学院积极响应团中央"到西部去、到基层去、到祖国和人民最需要的地方去"的号召，鼓励引导浙传学子报名参加"两项计划"

志愿服务，奔赴祖国西部与浙江省内基层。志愿者们发扬"奉献、友爱、互助、进步"的精神，践行青春的誓言，到西部、到基层去，经历磨炼、参与奉献、体验成长，实现人生价值与青春理想。

随着"两项计划"志愿服务工作的深入人心，近年来浙江传媒学院报名及成功选派的"两项计划"志愿者人数持续攀升。数据显示，2017—2019年，浙江传媒学院选派志愿者人数成倍增长，2020年、2021年两年都稳定在9人，2022年再次刷新数据，仅"西部计划"便入选10人，"省内计划"报名热情也空前高涨。2022年"两项计划"报名情况中党员占比迅速提升，从往年仅1—2名中共党员报名，到2022年的56名。"西部计划"志愿者报名者中，中共党员共计 14 名，占比达到 25%；13 名"省内计划"志愿者报名者中，7 名为中共党员，占比高达 54%。更值得一提的是，浙江传媒学院于 2020 年、2021 年选派的"两项计划"志愿者中，近半志愿者在一年服务期满后选择续签，留在服务地继续服务。"两项计划"志愿服务工作已经逐步形成良性循环。

见贤思齐闪耀传媒塑风景

浙江传媒学院根据高校作为青年学生集聚场所的特点，创建了国旗护卫队、"红·传"宣讲团等青年群体组织，"以身边人示范身边人，以同龄人影响同龄人"，实现德艺双修传媒人才从盆景到风景的嬗变。

一、国旗护卫队：行为影响人

浙江传媒学院国旗护卫队成立于 2007 年，前身为"国旗班"，是一支由学校宣传部和保卫处共同管理与建设的校级学生组织，以护卫国旗为使命、以弘扬爱国主义精神为己任，以"铸魂育人"为核心，现有正式队员 80 名。

校国旗护卫队作为一支红色青春特色力量，积极发挥优秀学生组织的先锋模范作用和战斗堡垒作用，在思想引领、学生培养、志愿服务等方面均走在了前列。国旗护卫队曾走进延安梁家河学习实践，走进中小学传播国旗文化，积极投身于疫情防控、统考、校庆活动等工作第一线。参与组织承办由教育部主办的 2022 年全国军事课教学展示活动和 2021 年中国大学生国旗护卫队展示赛，获升旗展示项目第一名、队列动作项目第二名、团体总分第二名的好成绩；作

为学生军训教员团主干力量，国旗护卫队出色完成了新生军训自训工作，曾获校军训"最佳方阵"、校"十佳大学生"荣誉称号，在师生中具有较高的认可度和影响力。

国旗护卫队把个人青春梦想融于强国梦强军梦，为传播红色文化进一步增添力量。2018年7月，队员们开展"学思践悟新思想 青春共唱新时代"社会实践活动，在陕西省延安市梁家河村进行实地走访，举办升旗仪式，拍摄音乐短片《青春共唱新时代》。2019年组织开展庆祝中华人民共和国成立70周年升旗仪式，为祖国母亲生日献礼。

2020年，队员们开展"生逢盛世，倍感荣光"的主题宣传活动，用心去感

受和学习"逆行者"身上生命至上、举国同心、舍生忘死、尊重科学的伟大抗疫精神，也让每一位"国护人"更加清晰地感受到肩上的责任与使命。返校后，国护队员们义无反顾地主动要求守卫在校园安全防护的第一线，佩戴好防护口罩和护目镜，每天持续工作近八小时，测量体温、疏导校园交通、维持校园秩序。国护队员们用实际行动体现了浙传学子的使命与担当，成为校园中最靓丽的那抹红。

二、"红·传"宣讲团：理论说服人

理论宣讲要关注年轻人、贴近年轻人、引领年轻人。红色主题鲜明、内容丰富多彩、形式青春活泼，是浙江传媒学院运用年轻语态开展理论宣传教育的

重大创新。为进一步加强和改进大学生思想政治教育工作，学校整合学科专业和人才优势，推进理论宣讲队伍建设，成立了由不同学科、专业背景的教师和学生组成，每年定期开展招新活动和宣讲实务培训的浙江传媒学院"红·传"青年宣讲团。宣讲团以"红·传"为名，取"红船"谐音，显"浙传"特色。"红"体现特色和亮点，寓意讲红色理论、扬红色精神、育红色传人，"传"体现责任和担当，寓意传承好学风、传播好声音、传递正能量。通过"红·传"合力，充分体现学校的学科专业和人才培养优势，积极弘扬红船精神和浙江精神，创建具有浙传特色的红色理论宣讲品牌，让理论宣讲接地气、有温度、零距离。

"红·传"宣讲团通过形势与政策宣讲、朋辈理论沙龙开讲、思想理论创新助讲、学校发展巡回播讲、时代先锋事迹传讲、实践锻炼分享演讲等多种形

式，广泛开展理论宣讲，积极借助融媒宣传、数字课堂、沉浸教育等传播新技术、新理念、新业态，充分发挥浙江传媒学院师生创作的音乐剧《红船往事》、舞台剧《秀水泱泱》、纪录片《航程》、话剧《望道》等系列红色文艺精品作用，让理论宣讲进一步"动"起来、学习"活"起来、效果"好"起来。"红·传"宣讲团通过系列校园活动树立了一批青年榜样，引领了青年学子坚定理想信念，勇于创新创造，担起时代重任，在全面建设社会主义现代化国家新征程中砥砺奋斗、建功立业。

　　"红·传"青年宣讲团成员已获得多项省级荣誉和表彰。一位教师获浙江省高校青年理论宣讲大赛暨第七届微型党课大赛决赛一等奖和浙江省青年理论宣讲暨微型党课大赛情境式宣讲决赛一等奖。一位教师荣获浙江省"我最喜爱的高

校优秀思政课老师"称号，其领衔的课程团队荣获首届全国高校教师教学创新大赛一等奖。一位教师获浙江省第十一届微型党课大赛优胜奖和浙江省思政微课大赛三等奖。一位教师获"喜迎二十大 奋进新时代"第八届浙江省高校微型党课大赛一等奖。一位教师获浙江省第十二届高校青年教师教学竞赛思想政治理论课组特等奖。两位教师受聘成为浙江省"建设共同富裕示范区"青年理论宣讲团成员，两位同学入选"上新吧，00后talker"理论宣讲训练营。两位同学荣获"浙江省百堂美术微党课讲述中国共产党故事"活动"优秀宣讲员"称号。一位同学荣获2021国家奖学金省级特别推荐资格。宣讲团成员参与创作的微视频《党史里的浙江——陈望道》获第三届"玉琮杯"清廉微电影微视频大赛微视频类金奖。

培养质量社会评价美名扬

近年来，浙江传媒学院毕业生职业发展和人才培养质量居浙江省高校前列，毕业生毕业去向落实情况较稳定，考研率逐年攀升，一年后创业率在 5% 以上，毕业生毕业一年后创业率位列浙江省本科高校第一。

根据 2021 年 12 月浙江省教育评估院发布的《2020 届（一年后）和 2018 届（三年后）浙江省高校毕业生职业发展状况及人才培养质量调查报告》显示，浙江传媒学院 2020 届（一年后）毕业生职业发展与人才培养质量综合排名位列浙江省本科院校第七，2018 届毕业生毕业三年后就业竞争力排名位列浙江省第九，相关分项见表 4-2、表 4-3。近年来，专业课程课堂教学效果、教学水平、实践教学效果、师德师风、校风学风等反映学校办学水平的核心指标，整体有上升趋势，得分目前处于浙江省 40 多所公办本科院校（不含独立学院）的中上位置。

表4-2　2020届（一年后）毕业生职业发展状况
及人才培养质量调查数据情况

层级	毕业生职业发展与人才培养质量得分	创业率	毕业生对母校总体满意度得分	毕业生对母校创新创业教育及指导满意度得分	毕业生对母校就业服务满意度得分	月工资水平	就业率
全省		3.50%	87.76	85.26	85.16	5667.04 元	94.81%
本科		2.35%	86.47	83.24	83.26	5887.17 元	92.51%
本校	78.66	8.71%	90.92	87.73	87.66	6844.36 元	92.66%
全省本科高校排名	7	1	6	7	9	6	23

表4-3　2018届（三年后）毕业生职业发展状况
及人才培养质量调查数据情况

层级	毕业生就业竞争力得分	月工资水平	创业率	升学率	母校总体满意度得分
全省		7753.89 元	4.84%	4.71%	72.44
本科		8454.18 元	3.28%	7.12%	70.62
本校	78.29	10259.14 元	6.19%	9.39%	88.94
全省本科高校排名	9	4	2	高于本科平均值	7

教创演学融合的系列品牌音乐剧

作为浙江省最早开设音乐剧专业的高校，浙江传媒学院依托得天独厚的地理位置以及在音乐剧创作上良好的专业基础和创演实力，将教学、创作、演出与立德树人有机融合，综合运用地方红色资源，奋力打造一批集高度思想性、艺术原创性、持续传播性、思政生动性于一身的经典音乐剧。

一、《红船往事》：红船精神的诠释

近年来，浙江省深入学习贯彻习近平新时代中国特色社会主义思想，坚定文化自信，把握时代脉搏，坚持以人民为中心的创作导向，推出了一大批讴歌党、讴歌祖国、讴歌人民、讴歌英雄，具有鲜明时代特征、中国特色、浙江特点的优秀文艺作品。

由浙江传媒学院和嘉兴市委宣传部联合打造的国家艺术基金项目原创音乐剧《红船往事》荣获浙江省第十四届精神文明建设"五个一工程"优秀作品奖，浙江传媒学院成为浙江省唯一一所高校获奖单位。

　　音乐剧《红船往事》从全国 6952 个项目中脱颖而出，入选国家艺术基金 2018 年度大型舞台剧和作品创作资助项目。该剧是为庆祝新中国成立 70 周年、献礼建党 100 周年，并为新时代继续传承"红船精神"而创作，展现了一群具有坚定信念的革命先驱如何在困境中完成创建中国共产党的开天辟地壮举，继而深刻阐释首创奋斗奉献的"红船精神"，传递了革命先驱无比坚定的理想信念、匡复中华的责任担当、爱国爱民的炽热情怀和上下求索的不懈追求。该剧首次选用中国共产党建党史作为音乐剧创作题材，在历史的厚重感中蕴含温度。演出从《走近红船》起至《红船启航》终，包含《书海寻觅》《红色恋人》《红色宣言》《我失骄杨》四大板块，以毛润之与杨开慧为核心人物，以"真理之路"与"爱情之路"为两大戏剧主线，书写了这对革命伴侣及李大钊等一批革命先

驱在披荆斩棘走向"红船"过程中的人生无悔选择，表现了革命先驱的责任担当和无私的奉献精神，展现了信仰的伟大力量。

音乐剧《红船往事》综合运用了内心外化、时空穿越、幻想梦境等不同的艺术手法，将红船精神贯穿始终，向观众展示真实感人的剧情。在音乐创作方面，该剧作曲者采用了嘉兴、湖南等地的传统音乐元素与当代人审美特点相结合的音乐创作手法，主题鲜明，戏剧性变化丰富，给观众留下深刻的印象。

作为坐落于党的诞生地嘉兴南湖旁的高校，浙江传媒学院充分发挥学科专业优势，在剧本、音乐、演唱、表演、灯光、服饰、舞美等方面，有机整合资源，倾力创作创新，有近100位师生参与创作演出，集中展示了浙江传媒学院办学水平和实力。同时，通过这部剧的创作，摸索了一条非专业院团承担国家艺术基金重大项目的新路子，探索了一条把德艺双修体现在教学实践特色场景之中的新路子，为我国音乐院校音乐剧专业的原创性和本土化建设提供了宝贵的经验，有力

推动了高校"立德树人""教书育人"的工作成效,促进了学科专业的发展。

音乐剧《红船往事》已先后在浙江省人民大会堂、南京荔枝大剧院、中共浙江省委党校、嘉兴大剧院、浙江音乐学院、浙江工商大学等省内外知名剧院和高校巡演了 30 场,现场观众达 3 万余名。《人民日报》、《光明日报》、新华社、中国教育电视台、《浙江日报》、浙江卫视等多家国家级、省级媒体先后对音乐剧《红船往事》巡演进行了报道。

二、《国之光荣》:浙江精神的展现

浙江传媒学院和秦山核电站联合出品的原创音乐剧《国之光荣》作为浙江文化艺术基金扶持项目和嘉兴市文化精品工程重点项目,是为庆祝中国共产党成立 100 周年、秦山核电站安全发电 30 周年策划推出的音乐剧,讴歌了秦山在

安全运行、自主创新、人才培养、科普宣传方面的成功典范，展现了秦山人敢为人先、自主创新、勇攀高峰的精神品质，也是浙江传媒学院充分发挥学科专业人才优势，为企业解难题，推动企业文化建设的有力举措。

音乐剧《国之光荣》由序幕《缺电》、第一幕《零的突破》、第二幕《新的光荣》和尾幕《秦山魂》组成，共 11 场，包含 23 首原创歌曲。以杨启、赵国斌两代核电人的奋斗为主线，讲述了秦山核电人从无到有、艰苦摸索、自行设计，建造、运营和管理我国第一座 30 万千瓦压水堆核电站——秦山核电站，以及新一代核电人继承前辈品格、开拓核电新成就的感人故事，为观众呈现了一幅核电事业曲折发展、开拓进取、百折不挠、走向辉煌的历史画卷。

三、《望道》：讲述真理之甘甜

　　浙江传媒学院华策电影学院领衔、设计艺术学院师生共同参与的联合创作重大项目《望道》是浙江省"五月薪火"国际青年艺术季的重要展示作品，同时也是浙江传媒学院"艺稻"青年艺术创想周——毕业嘉年华作品成果云展示的重磅作品。

　　该剧从陈望道的一师学生、老年刘静之的视角，采用回忆的形式展开。开篇就是震惊全国的浙江一师风潮，使得陈望道和他的学生施存统、叶天底、刘静之各自踏上了追寻真理的道路。陈望道受陈独秀所托，回故乡浙江义乌分水塘翻译《共产党宣言》，他不分昼夜，甚至误把墨汁当红糖，还直言"真理的味道是甜的"。

　　革命的道路从来不是一帆风顺的，中共二大召开前夕，陈望道痛失爱子，又与陈独秀产生误会，愤然辞去职务。1927年大革命失败，叶天底遭到迫害，壮烈牺牲，年仅三十岁。1932年陈独秀被捕，直至中日全面战争爆发才被释放。几年后二陈再次相见，学问当冠，主义作冕，为寻求真理，功名委屈皆消散。

　　作为《共产党宣言》的翻译者和坚定的马克思主义者，陈望道身上灼灼的真理光芒深深地影响了一代又一代共产党人。话剧通过陈望道与陈独秀，陈望道与三位得意门生，陈望道与母亲、妻子的三段故事，以感人的细节再现了革命者的战友情、师生情、母子情、夫妻情，让后人在历史的缩影中看到了中国革命的曲折和顽强，看到了众多像陈望道一样的马克思主义信仰者的坚定和执着。

　　话剧创排团队用精湛的演技和逼真的舞台效果打破了"第四堵墙"，将观众带入其中，身临其境地感受陈望道先生翻译《共产党宣言》的诸多不易和老共产党人的坚毅果敢。通过话剧创排，也给青年学子上了一堂生动的思政课、党史课。

有筋骨、有温度的浙传牌优秀影视作品

作为省内唯一一所传媒院校，浙江传媒学院深入实施"两高两强"首位战略，坚持"四轮驱动"，形成了完整的影视专业生态链条和人才培养体系。以打造一系列浙江文化名人作品为目标，通过"触摸"名人的成长脉搏和精神智慧，激发现代人的自信、自励和自豪，激发人们热爱家乡、热爱祖国的情感以及投身家乡建设、祖国建设的热诚。浙江传媒学院拥有一支热心经典文脉传承、专业过硬的影视军团，以严谨的创作态度和热诚的艺术情怀创作了一大批"有筋骨、有道德、有温度"的浙传牌优秀影视作品，推动了校地联动、协同创新，为推动社会主义文化繁荣兴盛做出了贡献。

一、《浴火书魂》：商务印书馆的记忆

张元济是我国近代史上著名的出版家、教育家与爱国实业家，也是电影《浴火书魂》的主角。这部堪称"中国百年出版第一剧"的电影《浴火书魂》在中央电视台电影频道播出。

　　该部电影由浙江传媒学院出品，浙江传媒学院与海盐县人民政府、商务印书馆联合摄制完成，是崛起的浙传影视军团创作的服务社会主义文化建设的又一力作。

　　电影《浴火书魂》以浙江文化名人、中国近代史上著名的出版家、教育家与爱国实业家张元济先生的不凡经历为切入点，展现了商务印书馆早年发展历程和他的爱国情怀，诠释了中华民族生生不息的生命力和坚强不屈的民族精神。

　　故事发生在近代列强侵略、社会变革动荡的大环境下，商务印书馆在张元济先生主持下，发展成国内首屈一指的现代化印刷企业。20世纪30年代，张元

济先生为保国粹，高价争购八册古籍珍本，争购失败的日本文人中岛一郎为了报复，投靠日本间谍机关，最终炸毁了商务印书馆。书馆虽然毁了，但中华文化不绝，中华民族精神永存。

剧中规模最大、花费最多的也是商务印书馆被轰炸的场景，这场大火既是列强侵略中国的写实，也是中华民族精神升华的象征。

电影《浴火书魂》成为浙江传媒学院继《明月前身》《盖世武生》《梦寻》之后，第四部被央视电影频道扶持的影视作品，得到了浙江省委宣传部文化精品项目扶持和高度关注。

二、《丰子恺》: "教惟以爱"的典范

电影《丰子恺》由央视电影频道、浙江传媒学院和桐乡市丰子恺纪念馆联合出品,浙江传媒学院承制,并在央视电影频道首播。

该影片是浙江传媒学院继《明月前身》《盖世武生》《梦寻》《浴火书魂》之后,第五部与央视电影频道联合创作的电影。

作为浙传影视军团创作、服务"文化浙江"建设的又一力作,电影《丰子恺》讲述的是我国近代史上的文化名人——丰子恺先生,自 1937 年被迫离开缘

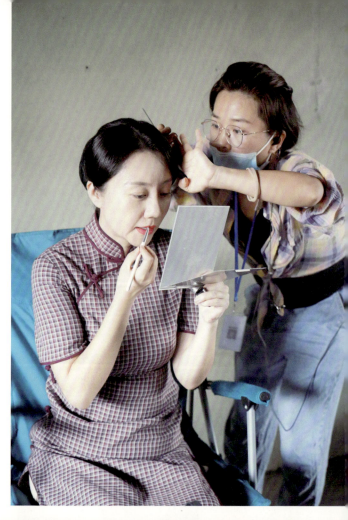

缘堂（丰子恺的故居，位于浙江省桐乡市石门镇），携一家老小开始艰辛逃亡，直到抗战胜利以后的1946年带领全部家人安全重返故乡的故事。影片以丰子恺在逃亡期间笔耕不辍、以笔为枪、不屈不挠的故事为主线，以"教惟以爱"的教育理念，保护、陪伴孩子成长的故事为辅线，体现出他坚韧不拔的乐观主义态度和爱国主义精神。

后 记

　　德业双修，以达其道。高校的职责和使命就是培养造就大批德才兼备的高素质人才，为全面建设社会主义现代化国家提供有力思想和智力支持。党的二十大开辟了马克思主义中国化时代化的新境界、擘画了以中国式现代化全面推进中华民族伟大复兴的新蓝图、开拓了实施科教兴国战略的新局面。教育是国之大计、党之大计，浙江传媒学院将全面学习贯彻党的二十大精神，牢牢坚持以人民为中心的教育发展理念，落实立德树人的根本任务，进一步完善大思政育人格局，努力培养信仰坚定、"理实"相融、德艺双修的高素质传媒人才，奋力谱写高水平传媒大学建设的崭新篇章，为助力中国式现代化做出更大的贡献。

　　在成书的过程中，方宁、杜巍、许志红、姚望等四位老师在资料查找、部门协调、文字统筹等方面做了大量工作。编辑出版学专业的罗婧、宁雨琪、张思阳、王韵晰、屠馨卉、刘思敏、张心蕊等七位同学在郑采妮老师的指导下对版式设计做了大量的前期工作，也非常辛苦。在此，对他们的辛勤付出表示衷心的感谢。同时，本书也得到了浙江大学出版社的大力支持，一并致谢。本书图片的编选，参阅了一些网站和公共图片，因信息不全，个别图片无法联系相关权利人确认，在此表示歉意。若有发现，欢迎及时联系，以示感谢。

　　由于时间仓促，不足之处在所难免，欢迎广大读者批评指正。

杨立平

2023 年 4 月